戦国の山城をゆく

信長や秀吉に滅ぼされた世界

安部龍太郎

まえがき

山城《やまじろ》には語り尽くせぬ魅力がある。

標高千メートル近い山の上にある城もあれば、川のほとりの断崖絶壁に建つ城もあり、今も残る曲輪《くるわ》の跡に立って往時を偲《しの》べば興味は尽きない。

取材を始めた当初は、武士たちが命を守る最後の砦《とりで》としたのだからこれほど峻険《しゅんけん》の地にあるのだろうと思っていたが、いくつもの山城を訪ね、額に汗して登っているうちに、決してそればかりではないと実感するようになった。

山城は敵の大軍に攻め込まれた時に、家臣や領民を避難させるシェルターとしての役割を荷《にな》っていた。それゆえふもとの里に近い要害の地が選ばれたのである。

武士がある地方を領有するためには、領民の生命と財産を守る責任を負わなければならない。

その保証があったからこそ、領民たちも納得して年貢を納め使役に応じたのだから、敵に攻められた時には武士たちはまず領民を安全な山城に避難させ、自分たちは矢面に立って果敢に戦った。

山城のあった土地に行くと、豪傑たちの華々しい合戦譚《かっせんたん》やお姫さまの悲恋にまつわる物語、涙をさそう落城物語などが語り継がれているが、それは人々が今でも山城の歴史を己れの歴史と感じるほどに深い愛着を抱《いだ》いているからである。

中世の山城と地域との間には、それほど緊密な関係があった。山城は地域の人々の団結のシンボルであり、心の拠《よ》り所だったと言っても過言ではないのである。

ところが戦国時代も後半になり、織田信長が天下統一を成し遂げていくにつれて、山城は歴史的な役割を終え、主役の座を平山城《ひらやまじろ》や平城《ひらじろ》にゆずり渡すことになった。

理由は二つある。

ひとつは鉄砲という新兵器の出現によって、山城が持っていた要塞としての機能が失われたことだ。

弓や槍《やり》や刀での攻撃なら、山頂の城に立て籠って迎え討つほうが圧倒的に有利だが、鉄砲で四方から攻めたてられては少人数では守りきれない。

城内から鉄砲で反撃したとしても、籠城が長引けば火薬の蓄えが底をついてしまう。信長は大量の鉄砲を撃ちかけて籠城方の抵抗を削《そ》ぎ、火矢を射込んで城を焼き払う戦法を多用しているが、こうした攻撃にさらされては、いかに堅固な山城でも持ちこたえることはできなくなったのである。

もうひとつの理由は、戦国大名の支配地域が数ヶ国にまで広がったことだ。

領地が広がれば動員兵力も増える。経済力も豊かになり、軍需物資の補給も容易になって、数年にわたって敵の城を包囲する作戦を取れるようになる。そのために山城に立て籠っても、孤立して滅亡することが多くなった。その代表的な例が、秀吉軍に兵糧《ひようろう》攻《ぜ》めにされた三木城《みきじよう》や鳥取城である。

ポルトガル人が種子島《たねがしま》に鉄砲を伝えたのは天文十二年（一五四三）のことだが、西洋からもたらされたこの新兵器が信長という天下人を生み、中世の人々のシェルターであった山城を無力化していった。

それは山城を拠点としていた地域の人々の団結と自由が奪われ、中央の権力に従属を強いられていく過程にほかならない。

こうした転換期にスポットを当てれば、中世と近世の分水嶺《ぶんすいれい》に位置する山城の役割や、その城に拠って戦った人々の生き様がより明確に見えてくるのではないだろうか。

本書はそうした方針にそって実際に山城を歩き、当時の人々の目の高さで諸々のことについて考えてみたものである。

山城歩きの小旅行に出るつもりでお付き合いいただければ幸いである。

目次

戦国の山城《やまじろ》をゆく——信長や秀吉に滅ぼされた世界

第一章　山城破壊者・信長の出発点　〈岐阜城〉

二〇〇二年七月五日、岐阜城を訪ねた。

山城を歩く旅の幕開けにここを選んだのは、織田信長が天下統一の足がかりとした城だからである。しかも皮肉なことに、生涯を賭して山城を無力化していった信長が、少年の頃からあこがれてやまなかった名城でもあった。

京都の仕事場を出て、午前九時の新幹線で岐阜羽島《ぎふはしま》駅に向かった。

ちょうど台風六号が接近中で、濃尾《のうび》平野は今にも雨が降り出しそうな低くたれこめた雲におおわれていた。

暑い上に湿気が多いので、じっとしていても汗がふき出してくる。京都も伏流水の上に乗った湿気の多い街だが、このあたりはその比ではない。古《いにしえ》の湿原地帯を思わせる凄《すさ》まじさなのである。

駅のホームに立って北をのぞむと、長良川《ながらがわ》の上流に金華山《きんかざん》がそびえ、美濃《みの》の山々が肩を並べるように連なっていた。

南を見渡せば、長良川や木曽川《きそがわ》が満々たる水をたたえて伊勢湾へと注いでいる。西には近江《おうみ》との国境を画する伊吹《いぶき》山地が南北に走り、東ははるか彼方《かなた》まで平野がつづいていた。

このあたりは古くから交通の要衝だった。

東海道や中山道《なかせんどう》がこの地を通っているし、長良川をさかのぼって油坂峠《あぶらさかとうげ》を越えれば、越前一乗谷《えちぜんいちじょうだに》へと通じている。

つまり東西と南北を結ぶ道路が交差する十字路に位置していたわけで、日常的に物や人や情報が行き交っていた。

新し物好きで進取の気風に富んだ濃尾の人々の気質は、こうした土地柄ゆえに生まれたのだろう。

しかも伊勢湾や三河湾《みかわわん》は黒潮に面し、東国と西国とを結ぶ太平洋航路の中心地だった。愛知という地名は遠い海の彼方から幸せを運んでくる「あゆの風」に由来しているという が、これも海上の道である黒潮に面しているからこそもたらされる恵みなのである。

濃尾平野の特徴がもうひとつある。美濃と尾張《おわり》上四郡は肥沃な穀倉地帯だが、尾張下四郡は木曽川や長良川がいくつもの支流に分れて伊勢湾へと流れ込むデルタ地帯だったことだ。

江戸時代になると川に堤防が築かれ、輪中《わじゅう》という堤防で囲まれた村も出現するが、信長の頃にはこうした大工事は行なわれていないので、ひとたび大雨が降れば平地の大半は水没する劣悪な土地柄だった。

今日の都市化された景色からは想像もつかないが、木曽川や長良川の河口にはいくつもの中洲《なかす》や砂洲があり、東南アジアのデルタ地帯のように船を住処《すみか》とする人々が数多く生活していた。

このことは信長の生涯を考える上で決定的に重要である。

なぜなら織田家は木曽川下流の港町津島《つしま》に拠点を置き、伊勢湾の海運に従事することで莫大《ばくだい》な利益を上げていたからだ。

信長は下克上の体現者だとよく言われる。

尾張下四郡の守護代に仕える奉行の家に生まれながら、次々に上位の者を打ち倒し、天下を制するほどの武将になった。

その波乱万丈の生涯は出世物語の格好の材料とされてきただけに、父信秀の頃の勢力はいかにも小さかったように描かれがちだが、こうした先入観はそろそろ払拭されるべきである。

というのは、信秀は天文十年（一五四一）に伊勢神宮に七百貫文、その二年後には内裏（皇居）の築地修理料として四千貫文を寄進しているからだ。

この頃の四千貫文が現代の金に換算するといくらになるのか不明だが、江戸時代の初期には金一両は永楽銭一貫文と交換されていた。

金一両は米一石と等しく、八万円ほどに換算するのが通例なので、これに従えば四千貫文＝四千両＝三億二千万円ということになる。

それから十七年後の永禄《えいろく》三年（一五六〇）に、西国五ヶ国を領した毛利元就《もうりもとなり》が正親町《おおぎまち》天皇の即位の礼の費用として寄進したのが二千貫文だから、信秀の経済力は第一級の戦国大名と肩を並べるほどだったのである。

わずかな所領しか持たなかった信秀が、どうしてそんなに裕福だったのか？

その謎を解く鍵は、木曽川の水運や伊勢湾の海運から上がる利益にあった。

戦国時代を扱った歴史の書物では、大名の実力を米の生産高で表すことが多い。加賀百万石などというのがその例だが、これは江戸時代の幕藩体制が米の収穫量を基礎として成り立っていたために起こったことで、経済的な実態とはかなりかけ離れていた。

そのことは現代に置きかえて考えればよく分る。

たとえ米百俵を生産したところで、生産者米価は百五十万円ほどにしかならない。それよりはトラック一台を持って運送業に従事したほうが、はるかに大きな利益を上げられる。

これは戦国時代も同じことで、百万石の領国を持っているより大型船百艘《そう》を持って海運業に従事したほうが経済的にははるかに有利だったのである。

先に木曽川や長良川の河口には船を住処としている人々が数多くいたと書いたが、歴史学者の網野善彦氏はこうした人々を海民と呼んでおられる。

〈ここで海民というのは、湖沼河海を問わず水面を主たる生活の場とし、漁業・塩業・水運業・商業から掠奪《りゃくだつ》にいたるまでの生業を、なお完全に分化させることなく担っていた人々をさしている〉(『日本中世の非農業民と天皇』岩波書店)

しかも網野氏によれば、土地という「有主」の場を持たない海民は、天皇家の供御人《くごにん》になることで身分の保証を得たという。

おそらく織田信秀は津島の港を拠点としてこうした海民を支配し、水運業や商業、略奪などから上がる利益を得ていたのだろう。

だからこそ伊勢神宮や朝廷に莫大な寄進をして、身分と既得権を保証してもらう必要があったのである。

津島の近くにあった勝幡城《しょばたじょう》や、信長誕生の地といわれる那古野城《なごやじょう》からも金華山は見える。そこには信秀の宿敵だった斎藤道三《どうさん》が住む稲葉山城《いなばやまじょう》(後の岐阜城)がある。

デルタ地帯に住んでいた者たちにとって、山頂にそびえる秀麗な城は美濃の富と豊かさの象徴だと思えたはずだ。

信長が執拗《しつよう》に美濃への侵攻をくり返すのは、あるいはこの城の美しさに魅せられたせいかもしれない。

まず岐阜公園を訪ねた。

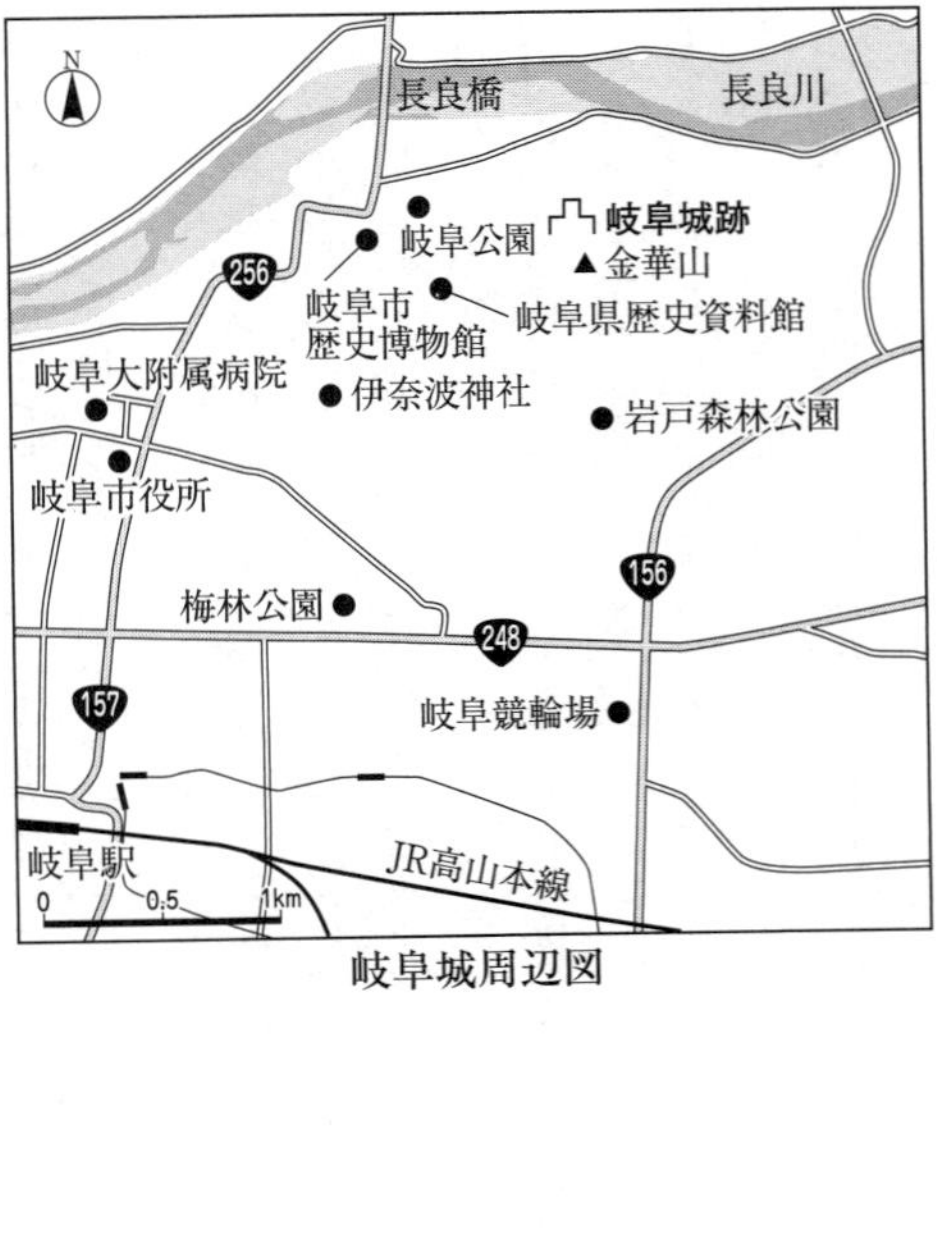
N
長良橋
長良川
岐阜公園
岐阜城跡
金華山
256
岐阜市
歴史博物館
岐阜県歴史資料館
岐阜大附属病院
伊奈波神社
岩戸森林公園
岐阜市役所
156
梅林公園
248
157
岐阜競輪場
岐阜駅
JR高山本線
0
0.5
1km

岐阜城周辺図

信長の御殿があった所で、千畳敷下の遺構や池が当時の面影を伝えている。

ここからながめる岐阜城の姿は見事である。標高三百二十九メートルの金華山がそびえ立ち、山頂にはあたりを睥睨《へいげい》するように三層の天守閣が建っている。

信長が斎藤龍興《たつおき》からこの城を奪い取ったのは、永禄十年（一五六七）八月のことである。

西美濃三人衆と呼ばれた稲葉《いなば》一鉄《いってつ》、氏家卜全《うじいえぼくぜん》、安東守就《あんどうもりなり》から内応するとの知らせを受けた信長は、三人から人質が届けられるのを待たずに八月一日に城下に攻め入った。

その様子を太田牛一《ぎゅういち》が記した『信長公記《しんちょうこうき》』は次のように伝えている。

〈是《こ》れは如何《いか》に、敵か味方かと申すところに、早、町に火をかけ、即時に生《はだ》か城《じろ》になされ候。其《そ》の日、以《もっ》ての外《ほか》に風吹き候。翌日御普請くばり仰せ付けられ、四方鹿垣《ししがき》結ひまはし、取り籠めをかせられ候〉（桑田忠親《ただちか》校注、新人物往来社）

当時の城下町は総構えと呼ばれる土塁で囲まれ、敵の攻撃や略奪にそなえていた。

信長は強風を利してその外から火矢を射かけ、町を丸ごと焼き払ったのである。

総構えの出入口はすべて織田勢が閉ざしていたから、斎藤勢や城下の者たちは大挙して金華山に逃げ上がった。

信長はそれを追撃せずに、山の四方に鹿垣（柵）を立てて外部との交通を遮断した。

こうなっては斎藤勢は袋のねずみである。

しばらく城に立て籠って意地を見せたものの、八月十五日には全面降伏し、龍興主従は長良川を下って伊勢長島へと退散した。

時に信長三十四歳。

初陣から二十一年目にして、ようやく父信秀以来の悲願だった美濃征服を成し遂げたのだった。

城下から山頂へは、三つの道が通じている。大手の七曲り道と搦手《からめて》の百曲り道、険しい尾根を行く馬の背道である。

あこがれの城を手に入れた信長は、七曲り道を騎馬のまま登ったことだろう。

その時の信長の胸中に思いを馳《は》せながら、同じ道をたどってみた。

岐阜県歴史資料館の裏にある登山口を入ると、幅二メートルほどのなだらかな道がつづら折れになって山頂へとつづいていた。

全長は千六百八十メートルだという。

今は登山道として整備されているが、信長の頃にはおそらく一メートルの幅もなかっただろう。

本当に七つの曲りがあるかどうか数えながら歩いていると、三つ目の曲りに「城まで千メートル」という標識があった。

五つ目の曲りには城まで六百メートルとあり、このあたりから道が急に険しくなった。

木陰の道とはいえ、うだるような暑さである。日頃の運動不足のせいか、足は疲れ息も上がってくる。しかもカメラや資料を背負っているので、全身汗まみれになった。

信長が登ったのは、八月十五日かその翌日だったはずである。新暦では九月中旬に相当するが、残暑はまだ厳しかったことだろう。

信長が初めて手にした山城である。四年前に美濃攻略のために小牧山《こまきやま》城《じょう》に移っているが、小牧山と金華山とでは山の規模がまったくちがう。

馬の背に張りつくようにして険しい道を登りながらも、信長は岳父道三ゆかりの城と美濃一国を手に入れた喜びを噛《か》みしめていたにちがいない。

道の整備は行き届いていて、急な坂には石段が築いてある。

これは後世に作り直されたものだというが、信長の頃にも安土《あづち》城《じょう》や観音寺《かんのんじ》城《じょう》のような見事な石段が積み上げられていただろう。

この道を馬で登るのは比較的簡単だろうが、下りはさぞ高度な馬術を要したはずである。うっかり落馬でもしようものなら命にかかわるだけに、さすがの信長も石段を下りる時には馬から下りていたかもしれない。

やがて山頂に近いロープウェイの駅にたどり着いた。これに乗ればふもとからわずか三分で着くのだが、こちらは三十五分かかって登ってきたのだった。

山頂駅近くの「リス村」がある場所には、かつて煙硝蔵があった。

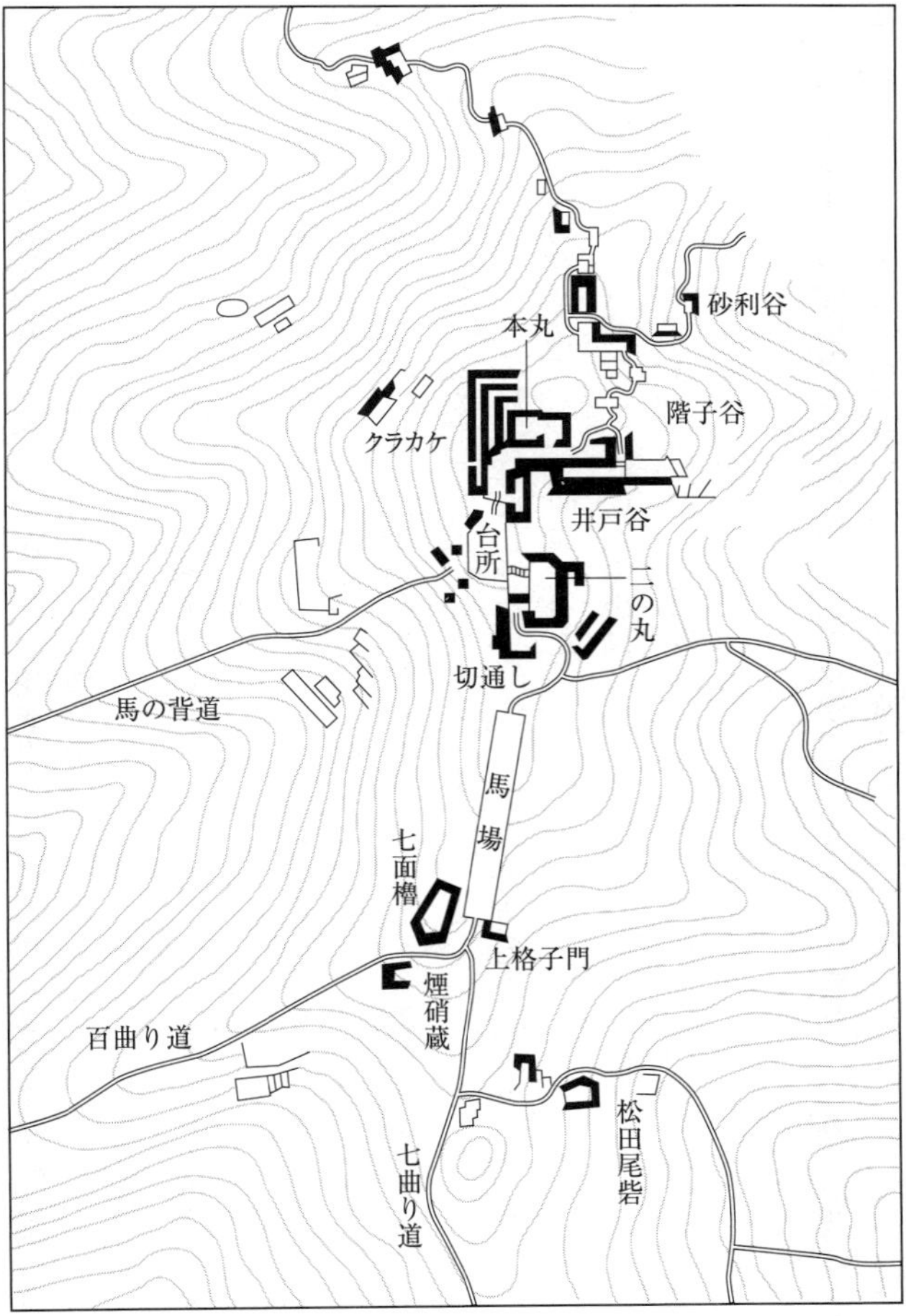

砂利谷
本丸
階子谷
クラカケ
井戸谷
台所
二の丸
切通し
馬の背道
馬場
七面櫓
上格子門
煙硝蔵
百曲り道
松田尾砦
七曲り道

岐阜城

鉄砲用の火薬を保存するための蔵だが、慶長五年（一六〇〇）の関ヶ原の合戦の直前に岐阜城が徳川方の軍勢に攻められた時、火をかけられて爆発した。

噴き上げる炎は、大坂方の軍勢がこもっていた大垣城《おおがきじょう》からもはっきり見えたという。

その先には天下第一の門、上格子門《あげごうしもん》があり、南北三十間《けん》（約五十四メートル）、東西三間（約五・四メートル）という駐輪場ほどの広さの馬場跡がある。

信長もここに馬をつなぎ、歩いて天守閣へ向かったにちがいない。

二の丸跡まで進むと、三層の天守閣が忽然《こつぜん》と現れた。

うっそうたる木々におおわれた山道を汗だくになって登ってきただけに、天空に浮かぶようにそびえる城を見た時の感激はひとしおである。

まるでその効果を計算に入れたような、心憎いばかりの曲輪の配置ぶりだった。

二百円の入場料を払って天守閣に登った。

一階にも二階にも信長ゆかりの品や戦国時代の武具が展示してある。

その中には信長が若い頃に使ったという黒漆《くろうるし》ぬりの鞍《くら》や、手榴弾《しゅりゅうだん》のように用いた焙烙玉《ほうろくだま》などもあるが、見学は後回しにして最上階に駆け上がった。

ここからのながめは最高だった。

眼下に濃尾平野が広がり、長良川と木曽川がより添うように流れている。地球の大きさを実感させる雄大なパノラマが、一望に見渡せるのである。

あいにくの曇天で視界はよくなかったが、晴れた日には伊勢湾までくっきり見えるという。

山頂はふもとよりかなり涼しく、湿気も少ない。天守閣を吹き抜ける心地良い風を受けながら、ここに立つ信長の姿を思った。

飛行機からの眺望を知っている我々でさえ、これほど心を動かされるのである。平地からのながめしか知らなかった当時の人々は、いきなり鳥にでもなったような驚きを覚えたことだろう。

まして信長は自力でこの城を手に入れ、見渡す限りの土地を所領にしたのだから、その歓《よろこ》びと得意は察するに余りある。

信長は岐阜城を攻略した永禄十年から天下布武の印章を用いるようになるが、この眺望に接して初めて天下という言葉を実感したのではないだろうか。

天守閣に招かれた時のことを、ルイス・フロイスは『日本史』の中で次のように記している。

〈同所の前廊から彼（信長）は私たちに美濃と尾張の大部分を示しましたが、すべて平坦《へいたん》で、山と城から展望することができました。この前廊に面し内部に向かって、きわめて豪華な部屋があり、すべて塗金した屛風《びょうぶ》で飾られ、内に千本、あるいはそれ以上の矢が置かれていました〉（松田毅一《まつだきいち》・川崎桃太訳、中公文庫）

天守閣に千本以上もの矢があったという記述が、最後の砦だった山城のあり方と戦国時代の緊迫した空気を伝えている。

主要な武器は鉄砲だが、弾薬が底をついた場合に備えて矢を貯《たくわ》えていたのだろう。あるいは破魔矢のように呪術的な意味があったのかもしれない。

二の丸の切通しにかかる松風橋を渡り、展望レストランへ行った。お勧めの料理はどて焼きだという。豚のもつとこんにゃくを岐阜みそで煮込んだものだ。

岐阜のみそは三河の八丁みそに似ているが、味が濃く塩気が強い。田舎風の素朴な味わいである。

これをつまみに生ビールを飲み、眼下に広がる景色をながめていると、

「美濃は山幸彦の国で、尾張は海幸彦の国だったのだ」

そんな考えが澎湃《ほうはい》と沸き上がってきた。

まだ稲作が伝わる前には、日本は山で狩猟をする人々と海で漁労をいとなむ人々の国であった。

海幸山幸の伝説は、そうした時代を反映している。

尾張の下四郡は海幸彦の住む土地だっただけに、陸上での戦争には弱かった。信長の父信秀は何度となく美濃に攻め込んでいるが、屈強の山幸彦の軍勢には歯が立たなかっ

た。

そこで信長は家臣の次男坊、三男坊を集めて七百から八百の親衛隊を作り上げ、徹底的な訓練を行なうことによってこの弱点を克服しようとした。

兵農分離を行なって戦争のプロ集団を作り上げたのも、新兵器の鉄砲をいち早く導入したのも、弱兵を強化するためにはなりふり構っていられなかったからだろう。

また豊富な資金力に物を言わせて、斎藤氏の家臣たちを次々に買収していった。

美濃攻略のきっかけとなったのは、美濃の加治田城《かじたじょう》を拠点とする佐藤紀伊守《きいのかみ》の内応だったし、斎藤龍興を追放して岐阜城を手に入れることができたのも、稲葉一鉄ら西美濃三人衆の内応があったからである。

こうした努力の末に山幸彦の国である美濃を手に入れたことは、信長にとって大きな自信となったにちがいない。

木曽川や長良川の水運を利用して豊富な森林資源を手に入れることができるし、美濃の山中には金や銀を産する豊かな鉱山がある。

そして何より、水害で没することのない肥沃な平野と、屈強の山幸彦の軍勢がいる。

信長がこの地を岐阜（周王朝が発祥した岐山《きざん》にちなんだ阜《おか》）と命名し、天下布武の意欲を見せ始めるのも、美濃と尾張を合わせれば強力な国になると確信していたからではないだろうか。

信長は山城を無力化したと前に記したが、その第一歩は山城の雄ともいえる岐阜城から踏み出したのである。

第二章　悲運に泣いた信長の叔母　〈岩村城〉

九月二十一日、久しぶりの残暑が日本をおおう中、岐阜県東部にある岩村城に取材に出かけた。

京都から新幹線に乗り、名古屋駅で担当編集者と落ち合った。

名古屋から中央自動車道をひた走り、恵那《えな》郡岩村町《いわむらちよう》（現恵那市）に着いたのは午後二時頃だった。

標高五百メートルもある山間《やまあい》の里で、日射《ひざ》しは夏の厳しさを残しているが、吹き抜ける風はひんやりと涼しい。

目抜き通りの両側には古い城下町らしい風情あふれる家並がつづき、手入れの行き届いた田んぼには刈り取りを控えた稲穂が重たげに頭《こうべ》を垂れている。

人々がこの山里でいかに律儀で生真面目に生きてきたか、一目で分るような整然とした景色だった。

目ざす岩村城は、町の東のはずれにあった。信濃《しなの》から木の実峠を越えて侵入して来る敵に備えた位置である。

城山のふもとには江戸時代の岩村藩主の屋敷跡があり、町立の歴史資料館となっていた。

ここでしばらく町の歴史と郷土が輩出した偉人（佐藤一斎《いっさい》や下田歌子など）について学び、いざ本丸へ向かうことにした。

この城にも、織田信長ゆかりの歴史がある。

岩村城は美濃と信濃の国境に近く、両国を結ぶ交通の要衝に位置しているので、信長と武田信玄とがこの城をめぐって激しい争奪戦をくり広げた。

最初に進出をはかったのは信長だった。

岐阜城を攻略して美濃を手中にした信長は、岩村城主遠山左衛門《とおやまさえもんのじよう》尉景任《かげとう》に叔母を、苗木《なえぎ》城主遠山直廉《なおかど》に妹を嫁がせ、東美濃に勢力を張る遠山一門との結びつきを強めた。

遠山左衛門尉といえば、桜吹雪の名奉行遠山の金さんを思い出される方も多いと思うが、実は金さんの遠祖はこの遠山氏なのである。

遠山氏は鎌倉時代の初期、源頼朝に仕えた加藤景廉《かげかど》が遠山庄の地頭職に任じられ、その子景朝《かげとも》がこの地に赴任して遠山氏と称して以来、四百年近くも東美濃を領してきた。

信長もその実力に配慮し、婚姻政策によって身方に引き入れたのである。

ところが信濃から美濃への進出を目ざす信玄は、元亀《げんき》元年（一五七〇）十二月、秋山信友を大将とする三千の軍勢を東美濃に攻め込ませた。

遠山一門は五千の兵でこれを迎え討ったが、上村《かんむら》合戦において武田軍に惨敗した。

急を聞いた信長が救援の兵を送ったので事なきを得たが、三年後の天正元年（一五七三）二月、秋山信友は再び東美濃に兵を進めた。

前の年の十一月、信玄は満を持して西上の軍を起こし、十二月二十二日の三方ヶ原《みかたがはら》の戦いで織田、徳川連合軍を粉砕している。

信友はこの動きに呼応し、東美濃から尾張へ攻め込もうとしたのだった。

遠山一門は岩村城に総力を結集して迎え討ったが、城内の結束は弱かった。一門の盟主だった遠山景任はすでに亡く、信長の五男坊丸（勝長）が養子として家督をついだばかりだったからである。

わずか七歳の子供に城主が務まるはずがない。また遠山家を乗っ取るような信長のやり方に反感を抱いていた重臣も多く、屈強の武田軍を相手に戦い抜ける状況ではなかった。

こうした形勢を見た信友は、未亡人となっていた景任夫人を自分が娶《めと》り、坊丸を遠山家の後継ぎとする条件で和議を申し入れた。

夫人もやむなく同意して城を明け渡したが、信友は誓約にそむいて坊丸を人質に取り、甲府の信玄のもとに送ったのである。

この措置に激怒した信長が、岩村城奪回の大軍を発したのは天正《てんしょう》三年（一五七五）六月のことだ。

この年五月、長篠《ながしの》の戦いで武田勝頼《かつより》軍を打ち破った信長は、嫡男信忠を大将とする三

N
明知鉄道
町総合グランド
363
257
岩村駅
岩村高校
岩村町役場
城山
岩村城跡
363
257
0
0.5
1km
木の実峠

岩村城周辺図

万の軍勢に岩村城の攻略を命じた。

秋山信友らは武田本隊の救援も望めないまま孤軍奮闘したが、十一月になってついに落城し、信友や景任夫人は城外において逆さ磔《はりつけ》に処された。

たとえ叔母でも、敵方に寝返った者を信長は許さなかったのである。


城址《じょうし》公園の一角にある登城口から、幅一・五メートルほどの石畳の大手道が山頂に向かって真っ直《す》ぐ延びている。

岩村城は大和《やまと》の高取城《たかとりじょう》、備中《びっちゅう》の松山城とともに日本三大山城のひとつに数えられ、本丸は標高七百二十一メートルという高所にあるので、さぞ険しい道を行かねばなるまいと覚悟していた。

ところが町自体の標高が高いので、心配していたほどではない。本丸までの距離も七百メートルばかりだという。

藤坂、またの名を登城坂と呼ばれる大手道を登るにつれて石畳の道は険しくなった。

道の両側には巨木の切り株が点々と残っている。かつては樹齢数百年の杉が並木となってつづいていたというが、今は朽ち果てて草に埋もれていた。

古い石垣が残る一の門、土岐門《ときもん》と呼ばれる第二門の跡を通り抜けると、大手門へとたどり着く。ここからがいよいよ岩村城の主郭で、本丸まで二百メートルという表示があ

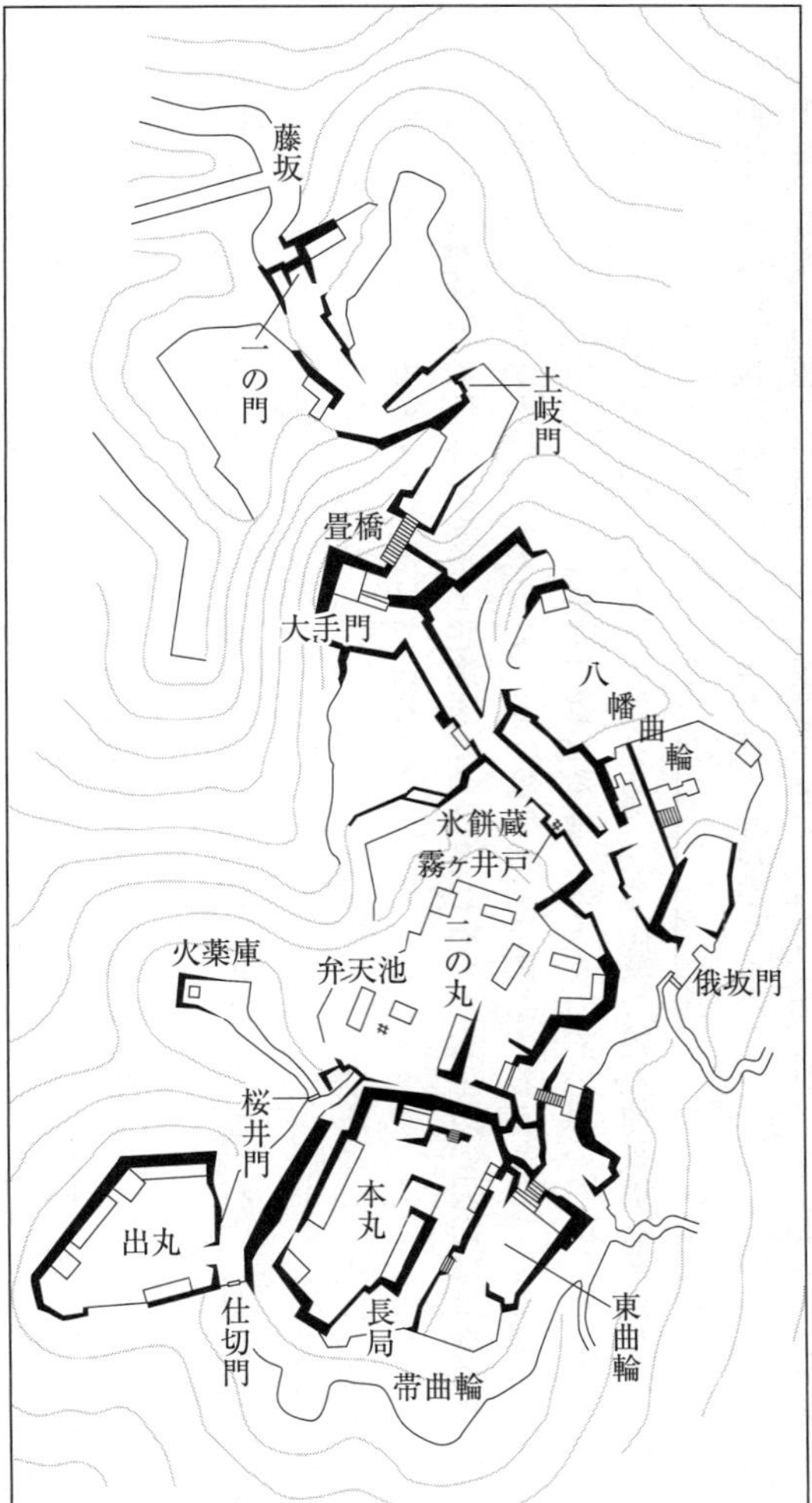
藤坂
一の門
土岐門
畳橋
大手門
八幡曲輪
氷餅蔵
霧ヶ井戸
二の丸
火薬庫
弁天池
俄坂門
桜井門
出丸
本丸
東曲輪
仕切門
長局
帯曲輪

岩村城

る。

大手門の構えは、山城とは思えぬほどに立派だった。

高石垣を築き上げた門の外に深い空堀《からぼり》があり、畳橋《たたみばし》と呼ばれる橋を渡って城内に入るようになっていた。敵が攻め込んで来た時には、この橋を落として交通を遮断したのである。

門を入ると広々とした桝形《ますがた》があり、正面には高い石垣がそびえ、右手に曲がると厳重な櫓門《やぐらもん》と櫓の土台の跡があった。

万一敵が畳橋を攻略して攻め込んでも、この桝形で袋のねずみとし、正面と側面から鉄砲を撃ちかけて殲滅《せんめつ》する仕掛けである。

遺構からだけでは往時の様子を想像するのは難しいが、大手門の入口には城の復原図を描いた掲示板をかかげてあるので、その場で様子を確認することができる。

このあたりの配慮からも、この城に寄せる地元の人々の熱い思いが伝わってきた。

門を入ると八幡《はちまん》曲輪と呼ばれる三の丸がある。遠山家の始祖加藤景廉を祀《まつ》った八幡宮があったので、この名が付けられたという。

曲輪の前には、城主専用の井戸だった霧ヶ井戸があった。

山城の最大の問題は飲用水をどう確保するかということだが、岩村城には数ヶ所に井戸があり、今も澄みきった水がこんこんと湧いている。

霧ヶ井戸に城内秘伝の蛇骨を投げ入れれば、あたり一面に霧が立ちこめて城を隠したという霧隠才蔵《きりがくれさいぞう》のような伝説がある。

これも霧の多い土地ならではの言い伝えで、岩村城は別名霧ヶ城とも呼ばれている。二の丸と本丸の石垣の規模は壮大で、しかも美しい。扇の勾配をつけて積み上げた石垣の前に立てば、こんなに険しい山の頂きによくぞこれだけの城を築いたものだと感心させられるばかりだった。

石垣の周囲には帯曲輪をめぐらし、街道に面した南側には出丸が配してある。曲輪の周囲には全長千五百メートルにもおよぶ塀がめぐらされ、敵を迎え討つための矢狭間《やざま》や鉄砲狭間が開けてあった。

城の四方は切り立った崖なので、まさに万全の備えだが、さしもの堅城にもたったひとつの弱点があった。城の東側が、水晶山《すいしょうざん》への尾根つづきなのである。

天正三年に岩村城を攻めた織田軍は、この弱点を正確に衝《つ》いた。城の裏手の間道から尾根の高台に上がり、数百挺《ちょう》の鉄砲で本丸を狙い撃ちしたのである。

この時代にはすでに棒火矢《ぼうびや》という焼夷弾《しょういだん》のような兵器や、焙烙玉という手榴弾も実用化されている。

五ヶ月にも及ぶ籠城戦で弾薬を使い果たしていた城兵には、圧倒的火力で攻める織田軍に抗する術《すべ》はなかったのである。

本丸の高みに立てば、城の規模の大きさと構えの見事さが一目で分る。だが、見渡す限り折り重なった山がつづく山間の地に、どうしてこんなに立派な城があったのか不思議だった。

城の出丸にある茶店でラムネを飲んだ。

店の入口には「女城主の里」という幟旗《のぼりばた》が立ててあり、店にも女城主にちなんだグッズが置いてあった。

女城主とは、信長の叔母のことである。

政略結婚によって遠山景任の妻になり、未亡人となった後に敵将秋山信友に嫁し、岩村城が落城した後には信友とともに逆さ磔にされた彼女への同情はひときわ強いようで、町のいたるところに女城主の里という表示がかかげてある。

地元の造り酒屋が、「女城主」という銘柄の酒を売り出しているほどだ。

彼女は城兵を救うために自ら信友の妻になる決断をしたと伝えられているが、おそらくそうではあるまい。

将軍足利義昭《あしかがよしあき》を中心とした信長包囲網が築かれ、その最大の切り札だった信玄が元亀三年（一五七二）に遠江《とおとうみ》に攻め込み、三方ヶ原の合戦でやすやすと織田、徳川の連合軍を打ち破るという戦果を上げた。

こうした形勢を見た遠山一門の主立った者たちが、彼女を人質に出すことで信友に和を乞うたのではないだろうか。

彼女は逆さ磔にされる時、

「我れ女の弱さの為《ため》にかくなりしも、現在の叔母をかかる非道の処置をなすは必ずや因果の報いを受けん」

と叫んだというが、籠城中の殺気立った雰囲気の中で人質に出《いで》よと迫られたなら、夫を失っていた彼女には断ることなどできなかったにちがいない。

信長は天正十年（一五八二）三月十一日、甲州征伐の途中にこの城に泊っている。ちょうどその日、信忠を大将とする織田軍は勝頼を討って武田家を亡《ほろ》ぼしたが、それからわずか八十日後に信長、信忠とも本能寺の変によって果てた。

これも地元では、女城主の予言どおり因果の報いを受けたのだと伝えられているのである。

夕闇が迫る頃に急ぎ足で山を下りたが、山懐に抱かれてひっそりと連なる城下の町をながめていると、先ほど脳裡《のうり》をかすめた謎がますます大きくふくらんでいった。

「こんな山の中にしては、規模が大き過ぎると思わないか」

かたわらの担当編集者に疑問をぶつけてみた。

「それは美濃と信濃の国境にあり、常に侵略の危機にさらされていたからではないでしょうか」

「果たしてそれだけだろうか。今だって町の人口は六千人足らずというから、当時は二千人くらいだったはずだよ。それにしては城の構えが大き過ぎる。このあたりには、何としてでも守り抜かねばならない大きな権益があったとしか思えない」

謎はそればかりではなかった。

鎌倉幕府を開いた源頼朝は、なぜ腹心の加藤景廉を遠山庄の地頭職に任じたのか？　景廉の出身地である伊豆に六年間住んでいただけに、数々の合戦で抜群の手柄を立てた景廉が、こんな山間の地に所領を与えられたことが腑《ふ》に落ちなかった。

これでは恩賞ではなく左遷ではないか。そうした地理的条件の悪さを帳消しにするほど大きな何かがこの地になければ、景廉が任じられた理由が納得できないのである。

「あるいはこのあたりには、大麻か芥子《けし》でも自生していたのかもしれないね」

苦しまぎれにそんな想像をしてみた。

大麻や芥子で作る麻薬は鎮痛作用もあるのだから、戦《いくさ》に明け暮れた武士たちにはさぞ重宝されただろうと思ったのである。

その夜は、恵那峡にある温泉ホテルに泊った。

地下千百メートルの地層から湧き出る温泉は効能抜群で、山城歩きの疲れをいやしてくれる。

山の味覚を上手に活かした料理を堪能《たんのう》し、地元の酒に心地良く酔《い》って、その夜は久々にぐっすりと眠った。

翌朝、生き返ったような気分で目を覚まし、窓をいっぱいに開け放つと、朝もやに包まれた湖が満々たる水をたたえて横たわっていた。

昨夜はホテルに遅く着き、外の景色を気にしている余裕もなかったので、真正面に湖があることにさえ気付かなかったのである。

こんな山奥にといぶかりながら地図を見ると、木曽川の流れを大井ダムによってせき止めたダム湖だということが分った。

駒ヶ岳《こまがたけ》や御嶽山《おんたけさん》を水源地とする木曽川は、長野と岐阜の県境を越え、長駆して伊勢湾へとそそいでいる。

私は初めてそのことに気付き、昨日の謎が春の根雪のように解けていくのを感じた。

この山里にある最大の利権。それは大麻や芥子ではなく、木曽の木材だったのである。

木曽谷の檜《ひのき》は古来良木として知られているが、東美濃の恵那郡にも広大な美林地帯が広がっていた。

それに目をつけた朝廷は、応安六年（一三七三）に美濃山を伊勢神宮の式年遷宮（二十年ごとに神殿を建て直すこと）のための御杣山《みそまやま》に指定している。

美濃山から切り出された木材は、管流《くだなが》しとかバラ狩りと呼ばれる方法で単木として川を流され、加茂郡八百津町《かもやおつちょう》で筏《いかだ》に組まれて伊勢湾へと達するのである。

こうした方法で伊勢神宮の造営用材を確保したことが、早くも弘安八年（一二八五）の記録に見える。その後も南禅寺の仏殿再建や銀閣寺の造営のための用材が美濃から切り出されたのである。

木曽川下流の尾張で、美濃の木材が城や船の建材として珍重されたことは言うまでもない。

こうした事実を踏まえれば、源頼朝が加藤景廉を遠山庄の地頭にしたこともうなずける。というのは景廉の出身地である伊豆の狩野川《かのがわ》上流は、造船用の木材の供給地だったからだ。

『古事記』の仁徳《にんとく》天皇の条に、〈是の樹《き》を切りて作れる船は、甚捷《いとはや》く行く船ぞ。時に、其の船を号《なづ》けて枯野《からの》と謂《い》ふ〉（新編日本古典文学全集、小学館）という記述があるが、船を枯野と名付けたのは良い船材を産した伊豆の狩野に由来するという説が有力である。

狩野川の上流から船材を運び出したことにちなんだもので、川ぞいには今でも軽野神社が鎮座している。また筏場という地名もあって、往時の川流しの様子を偲ぶことができる。

この狩野川の中流の狩野庄牧之郷《まきのごう》に、加藤景廉は所領を持っていた。

配下には船材を切り出し筏流しができる職人を数多く抱えていたはずで、頼朝が景廉を遠山庄の地頭にしたのは、木曽川上流の森林を開発させ、木材の供給地とするためだったと考えられる。

景廉の兄光員《みつかず》が伊勢の地頭に任じられていることからも、伊勢湾と遠山庄が木曽川の水運によって結び合わされていたことがうかがえるのである。

景廉は頼朝の帷幕《いばく》にあって終生鎌倉を離れなかったので、遠山庄には代官を派遣して経営に当たらせたが、その子の景朝は現地に赴任して岩村城を拠点とした。

これは森林の開発と木材の切り出しが軌道に乗り、鎌倉に住むより利益が大きかったからにちがいない。

遠山氏はその後も順調な発展をつづけ、岩村城と苗木城（中津川《なかつがわ》市）、明知《あけち》城（明智《あけち》町《ちょう》〈現恵那市〉）を拠点とし、東美濃に十八子城のネットワークをめぐらして強固な支配体制を築き上げた。

日本三大山城に数えられるほどの大規模な城を築いたのも、東美濃の美林地帯の権益を守るためだった。

また、木材の販売によって大きな利益を上げたからこそ、天下に名だたる城を築くことができたのである。

このように見てくれば、織田信長が東美濃を重視した理由もおのずと明らかになってくる。

前章で、尾張は海幸彦の国で美濃は山幸彦の国だと書いた。

また織田家は伊勢湾を拠点とする海民を支配下に置くことで莫大な利益を上げていたとも論じたが、海民の活動を支えるためには船材の安定的な供給が不可欠である。

信長が身内三人を人質に出してまで遠山氏との友好関係を維持しようとしたのは、東美濃の木材を確保したかったからにちがいない。

ちなみに秀吉が墨俣《すのまた》の一夜城を築いた時にも、木曽川の上流で用材を切り出し、筏に組んで墨俣まで流す方法を用いている。

この時には、二間半（約四・五メートル）の長材二百五十本、一間半の短材一万三千五百本を要したという。

その後天下人となった秀吉は、木曽川、飛騨川《ひだがわ》流域の山林を豊臣家の蔵入地《くらいりち》（直轄領）とし、聚楽第《じゅらくだい》や方広寺大仏殿、伏見城《ふしみじょう》などの大建築に着手できる態勢をととのえたのである。

岩村城は美濃と信濃を結ぶ交通の要衝に位置していたばかりでなく、木曽の森林地帯を扼《やく》する要《かなめ》の城だっただけに、信長と信玄の天下をかけた争いに翻弄された。

それはこの静かな山里に住む人々も同様で、その代表が逆さ磔にされた信長の叔母なのである。

里の人々が今も彼女のことを女城主と語り継ぐのは、この里を見舞った悲運と悲劇の象徴的な存在だと感じているからではないだろうか。

ともあれ信長は岩村城を奪回し、遠山氏を破って東美濃を支配下に組み込むことに成功した。

鎌倉幕府の成立期から四百年近くもつづいた名家は、近世の創始者である信長の前にもろくも屈したのである。

第三章　琵琶湖東岸の大要塞〈観音寺城・安土城〉

さびれた印象を受ける小さな駅を出ると、天下を睥睨する信長の像が迎えてくれる。あたりの景色にあまりそぐわない城郭風の建物もある。

滋賀県蒲生《がもう》郡安土町《あづちちょう》（現近江八幡市）――。

ＪＲ琵琶湖線《びわこせん》に乗れば京都から四十五分ほどで着くこの町に、もう何度も足を運んでいる。織田信長が築いた安土城を訪ねるためである。

駅前にはレンタサイクル店がある。この店のご主人とは十数年前からの顔なじみで、行くたびに「ご苦労さん」と声をかけてくれる。

観光客や取材に訪れる人のために手製の歴史案内図を作っているほど熱心な方なので、町の歴史を調べに来たことに敬意を表してくれるのだ。

ここで自転車を借り、地下道を通ってＪＲ線の反対側に出ると、安土城考古博物館や信長の館に通じるサイクリングロードがある。

その正面にどっしりと横たわっているのが観音寺山《かんのんじやま》（繖山《きぬがさやま》）である。

信長や安土城の取材に熱中していた頃には気にも留めなかったが、ここが近江源氏六《ろっ》角《かく》（佐々木）氏の居城があった所なのである。

高さは四百三十三メートル。その西側にある安土山は高さ百九十九メートルである。

山の規模だけからいえば観音寺山の優位は歴然としている。

だが永禄十一年（一五六八）に六角氏を追った信長は、観音寺山を取らず安土山に城を築くことにした。

安土町で肩を並べる二つの城跡は、山城から平山城、そして平城へと移る時代の流れを目に見える形で我々に示しているのである。


観音寺城は山城ではなく山岳城と呼ぶべきだという説がある。

山城は山の峻険を利して山頂部に城郭を構え、敵から攻め込まれた場合に立て籠るためのものである。

ところが山岳城は山頂からふもとまで曲輪や屋敷を配し、平時にも住居として用いていたのだから、山城とは一線を画すべきだというのだ。

これは傾聴に値する説で、山岳城は山城から平山城への過渡期的な姿ととらえるべきなのだろう。

前章で訪ねた岩村城は、大和の高取城、備中の松山城と並んで日本三大山城と称されているが、この観音寺城も、月山富田城《がっさんとだじょう》、能登七尾城《のとななおじょう》、越後春日山城《えちごかすがやまじょう》、そして武蔵《むさし》の八王子城と並んで日本五大山岳城と呼ばれている。

前者と後者の立地や規模のちがいを見れば、山城と山岳城の定義がより明確になる。

後者は六角氏、尼子《あまこ》氏、畠山《はたけやま》氏、上杉氏、後北条《ごほうじよう》氏という数ヶ国を領する大名の城だけに、防御ばかりではなく政庁としての機能もそなえていたのである。

六角氏の全盛期には、観音寺城の城地は六十万坪にも及び、曲輪の数は八百あまりにのぼった。

平らな場所にはすべて曲輪を設け、現代の高台のニュータウンのように城主や家臣たちが屋敷を連ねていたのである。

当時の人々の暮らしぶりは、連歌師《れんがし》谷宗牧《たにそうぼく》が記した『東国紀行』からもうかがうことができる。

宗牧は和歌や『源氏物語』に精通した第一級の文化人で、天文十三年（一五四四）に東国歴訪の旅に出る前に観音寺城に一月ほど滞在した。

その間重臣たちの屋敷に招かれ、たびたび連歌の興行を行なった。

彼らは莫大な束脩《そくしゆう》（授業料）を払って手ほどきを受けるほど、都の文化の吸収に熱心だったのである。

宗牧は城を訪ね二階の座敷で六角定頼《さだより》の饗応《きようおう》を受けたというから、定頼はこの頃ふもとの御殿ではなく本丸に居住していたのだろう。

定頼は宗牧を「数奇《すき》の御茶湯《おちやゆ》」でもてなしたが、茶道具の名物が数多く、いちいち名を記すのもわずらわしいほどだったという。

当時の六角氏の勢力はそれほど大きかった。

定頼は都を追われた足利十二代将軍義晴を近江に迎え、享禄四年（一五三一）から三年間庇護《ひご》している。

この時将軍の御所とされたのが、観音寺山の西側にある桑実寺《くわのみでら》正覚院だった。

また定頼の子義賢《よしかた》は、天文十八年（一五四九）に三好長慶《みよしながよし》に都を追われた足利義晴、義輝父子を近江の坂本に庇護し、永禄元年（一五五八）には三好軍と戦って将軍義輝の京都復帰を実現している。

凋落《ちょうらく》いちじるしい足利将軍家を支えたのは、六角氏だったと言っても過言ではないのである。

ところが、永禄六年（一五六三）に、六角氏の衰退の原因となる大事件が起こった。義賢の子義治《よしはる》が、筆頭家老というべき後藤賢豊《ごとうかたとよ》父子を観音寺城内で謀殺したのである。

重臣たちの合議制によって行なわれていた領国経営を、領主の専政にしようとしてのことだが、これに反発した重臣たちはいっせいに離反し、内乱状態におちいった。

観音寺騒動と呼ばれるこの内紛によって、城下町の石寺《いしでら》では三千の家屋が焼けたのである。

その五年後、足利義昭を奉じた織田信長は、四万とも五万ともいわれる軍勢をひきいて上洛を目ざした。

十四代将軍義栄《よしひで》方となっていた六角義賢、義治父子は、観音寺城に立て籠ってこれを阻止しようとしたが、支城の箕作城《みつくりじょう》がわずか半日で攻め落とされると、城を捨てて甲《こう》賀《か》方面へと脱出した。

鎌倉幕府が開かれてから四百年近くにわたって近江に君臨してきた六角氏は、ここに事実上の終焉《しゅうえん》を迎えたのである。

取材に出たのは十月十九日のことだった。

この日京都は朝から小雨模様で、空は鉛色の厚い雲におおわれていた。天気は西から崩れていて、午後には本格的な雨になりそうである。

観音寺山の険しさは知っているので、雨の中で登るのはさぞ大変だろうと二の足を踏んだが、明日まで延ばしても天気が回復する見込みはない。

あるいは比叡山《ひえいざん》の向こう側はまだ曇り空かもしれないと安土城考古博物館に問い合わせると、霞《かすみ》のような雨が降っているが午前中は本降りにはなるまいとのことだった。

ならば行こうと決心し、十時過ぎの電車で安土駅に向かった。

大津《おおつ》を過ぎる頃には空はかなり明るくなったが、雨は相変わらず電車の窓を伝い落ちている。琵琶湖も灰色の空を映してどんよりと横たわっていた。

湖東には刈り取りの終わった平野が広がり、はるか彼方には鈴鹿《すずか》山脈の山々が霧にお

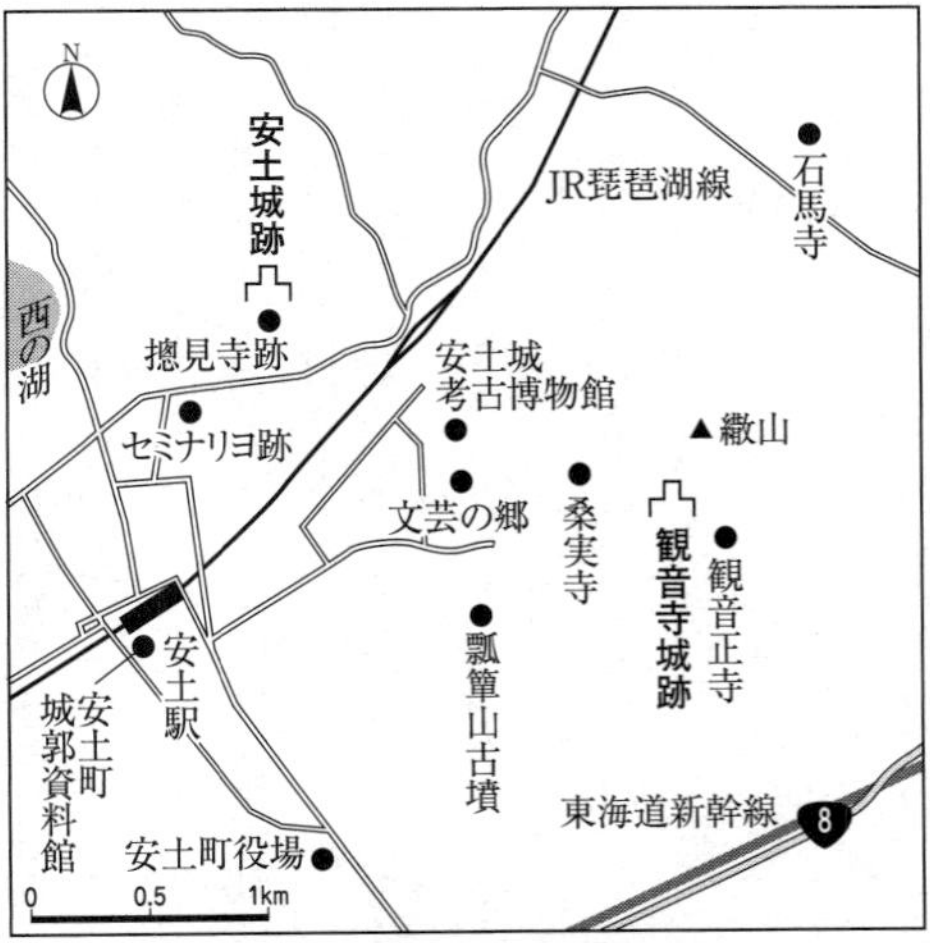
安土城跡
摠見寺跡
西の湖
セミナリヨ跡
JR琵琶湖線
石馬寺
安土城考古博物館
繖山
文芸の郷
桑実寺
観音寺城跡
観音正寺
瓢箪山古墳
安土駅
安土町城郭資料館
安土町役場
東海道新幹線
8
0
0.5
1km
N

観音寺城・安土城周辺図

おわれて連なっている。秋の深まりを感じさせずにはおかない荒涼たる景色だった。

レンタサイクル店で借りた自転車で、いつものコースをたどって観音寺山に向かった。正面に馬の背のようにそびえる山は、小雨に煙って暗い色相をおびている。まるで人の立ち入りを拒みつづける魔の山のようだった。

今回も西側の桑実寺の参道から登ることにしたが、城の大手道は南側にある。中山道が南側を通っているので、城の構えもすべて南に向けて築かれているのである。

桑実寺の参道の石段は、見事の一言につきる。

石垣積みの職人集団として有名な穴太衆《あのうしゆう》が築き上げた石段が、時代の風雪に耐えて丸みをおび、苔《こけ》におおわれて山頂へとつづいている様は、一個の芸術品を見るようである。

復原された安土城の大手道の石段も見事だが、小ぶりの石を整然と並べた美しさと古《こ》色蒼然《しょくそうぜん》としたたたずまいにおいては、この参道がはるかに勝っている。

しかも六角氏や信長の頃を偲びながら散策できるのだから、歴史にたずさわる者としては宝の山に踏み込んだ気分なのである。

ちなみに足利義晴は、この寺で近衛尚通《このえひさみち》の娘と祝言をあげている。

二人の間に生まれたのが義輝や義昭だから、足利家ゆかりの地ともいえるのである。

近江を平定した信長が義昭を桑実寺に迎えたのも、そうした縁を考慮してのことだろう。

この寺にはもうひとつ、信長にまつわる血塗られた歴史がある。

天正九年（一五八一）四月、信長は竹生島《ちくぶしま》へ参拝に出かけ、その日のうちに安土城に戻った。ところが信長が外泊するものと思っていた侍女たちは、許可も得ずに桑実寺に出かけていたのである。

激怒した信長は、十二人の侍女を城に呼び戻して即刻首をはねた。

侍女たちの助命を嘆願した桑実寺の住職まで打ち首にするという容赦のなさである。

信長が激怒していると聞いた侍女たちは、いったいどんな思いでこの石段を下っていったことだろう。打ち首とは知らされていなかっただろうが、信長の苛烈な性格を知っているだけに、生きた心地もしなかったにちがいない。

登城口から寺までは三百メートルという表示がある。紅葉にはまだ少し早かったが、苔むした石段が落ち葉に埋まる景色はさぞ美しいことだろう。

十五分ほどで境内に着いた。

入母屋造《いりもやづく》り檜皮《ひわだ》ぶきの本堂は、南北朝時代に建立《こんりゅう》されたもので、国の重要文化財に指定されている。

寺の創建には由緒がある。

天智天皇《てんじ》の時代、都に疫病が流行し、阿閇《あべ》皇女も病気にかかったが、ある日琵琶湖に光明が現れて光り輝く夢を見た。

話を聞いた天皇が定恵和尚《じょうえ》（藤原鎌足《かまたり》の長男）に法会《ほうえ》を営ませたところ、湖の中から薬師如来《やくしにょらい》が現れて人々の病気をなおした。

この薬師如来を本堂にまつり、天武《てんむ》六年（六七七）に落慶法要を行なったというのである。

これは『桑実寺縁起』に記されていることだが、興味をそそられるのは養蚕に関係すると思われる寺や山の名前である。

観音寺山の正式な名称は繖山《きぬがさやま》というが、繖という文字は糸偏に散と書くことからも分るように、蚕が口から糸を散らして繭《まゆ》をかけることを表している。

蚕を育てるのに必要なのが桑なのだから、寺や山の名がこの地方で古くから養蚕が行なわれていたことを物語っているのである。

通説では、定恵和尚が中国から桑の木を持ち帰り、この地に養蚕技術を伝えたと言われているが、はたしてそうだろうか。

むしろ養蚕技術を持った渡来系の人々がこの地に住みつき、繖山を本拠地として周囲に勢力を広げていったと見るほうが真実に近いと思われる。

実は私が仕事場を構えている京都市北区にも衣笠山《きぬがさやま》がある。

その近くに太秦《うずまさ》があることからも分るように、このあたり一帯には朝鮮半島から渡来

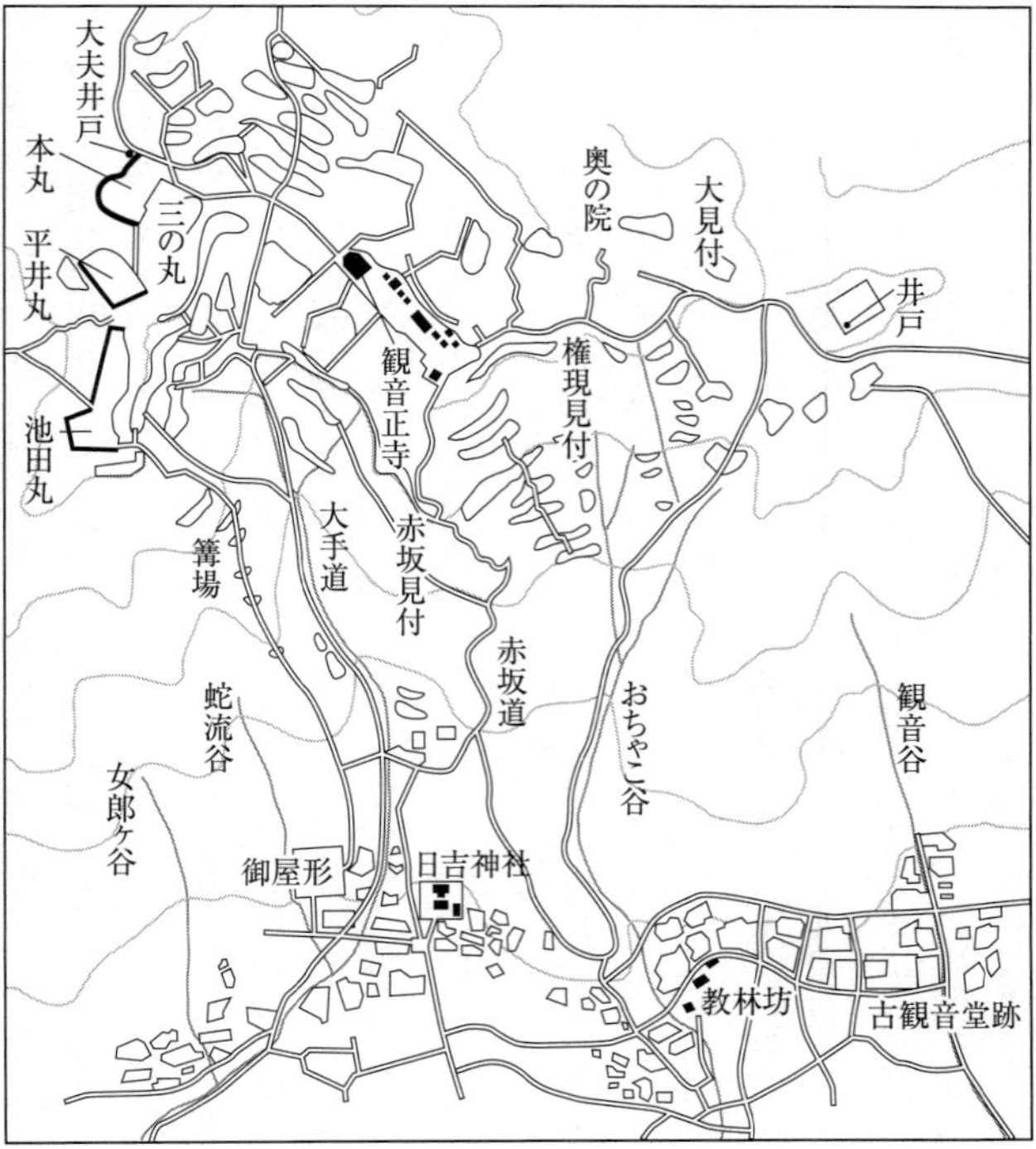
大夫井戸
本丸
三の丸
平井丸
池田丸
奥の院
大見付
井戸
観音正寺
権現見付
篝場
大手道
赤坂見付
赤坂道
おちゃこ谷
観音谷
蛇流谷
女郎ヶ谷
御屋形
日吉神社
教林坊
古観音堂跡

観音寺城

したといわれる秦氏《はた》が住みつき、織物や養蚕を行なっていた。織山に住んだのが秦氏の同族かどうか定かではないが、おそらく似たような来歴を持つ人々であったと見て間違いあるまい。

定恵和尚を開基として桑実寺が創建されたのは、近江で独立的な勢力を維持していた渡来系の人々が、中央の政権に組み込まれたことを表しているのではないだろうか。

寺の境内から観音寺城の本丸までは、険しい山道を四十分近くも登らなければならない。

杉や檜の林を抜ける道なのであたりは夕方のように暗かったが、頭上をおおう枝葉が雨をさえぎってくれる。

こんな天気でも山歩きや古寺巡礼の人々はいるもので、山頂に近い本丸に着いた時には色とりどりの雨具を着た三十人ばかりの集団と行き合った。

本丸の面積は二千百平方メートルと、他の山城に比して格段に広い。周囲には高さ三メートルほどの石塁がめぐらされていたが、その遺構は今も一部に残っている。

南側の大手道から入る所には門が構えられていたようで、何の防御もない平虎口《ひらこぐち》となっているが、桑実寺から上がる道には食い違いの虎口がしつらえてある。

本丸から南へつづく尾根伝いに、千七百平方メートルの平井丸、二千七百平方メートルの池田丸という曲輪が配置されていたのだから、その規模の雄大さは目を見張るばかりである。

本丸から東南へとつづく尾根を下りると、観音正寺《かんのんしょうじ》があった。推古十三年（六〇五）に聖徳太子が開いたと伝えられる寺で、西国三十三ヶ所観音霊場の札所とされている。観音寺山の名はこの寺に由来するもので、城の東西に古い寺があるところにも、観音寺城の中世的な性格が現れているのである。


往復二時間のハードな山城歩きを終えて、安土城考古博物館へ行った。折しも展示館では「近江源氏と沙沙貴《ささき》神社」という秋季特別展が行なわれていたが、ともかく一階の喫茶室で昼食をとることにした。

ここの自家製インドカレーは絶品である。ご主人が京都のカレー店で修業をした人だけに作り方が本格的で、この店に立ち寄るのが安土取材の楽しみのひとつとなっている。

安土を訪れた宣教師たちはインドを経由して来たのだから、カレーのスパイスを持参していたにちがいない。おそらく城下のセミナリヨではカレーが作られ、時には信長も生徒たちとともに試食したことだろう。

すでに午後三時を過ぎ、本格的に雨が降り出していた。暗くならないうちに写真だけは撮っておこうと、食事を早めに切り上げて安土城へ向かった。

大手口では新たな発掘調査が行なわれ、石垣や排水溝などが姿を現している。ここ数年の調査と整備事業の進展はめざましく、訪ねるたびに姿を変えているほどである。

しのつく雨の中を搦手口に回ってみた。

ひときわ急な石段がつづく登城口の前に百々橋《どどばし》があり、その下に小舟が通れるくらいの水路がある。

水路は安土セミナリヨの跡地までつづき、琵琶湖の水運と一体化していた当時の暮らしぶりがうかがえる。

信長が近江を領有するきっかけとなったのは、足利義昭を奉じた上洛戦に勝利したことだが、これは信長にとって予定外の行動だったはずである。

尾張、美濃を平定した後の目標は、伊勢を支配下に組み込んで伊勢湾の経済権益を完全に掌握することだった。

そのために北伊勢への進攻作戦を開始した矢先に、越前一乗谷にいた義昭が明智光秀を使者として上洛に力を貸すように要請してきた。

信長がこれを奇貨として上洛軍を催したのは、琵琶湖の水運を確保するためと堺《さかい》の港を支配下に置くためだったと思われる。

琵琶湖は単なる湖ではない。日本海と太平洋、瀬戸内海の流通を結び合わせる結節点だった。

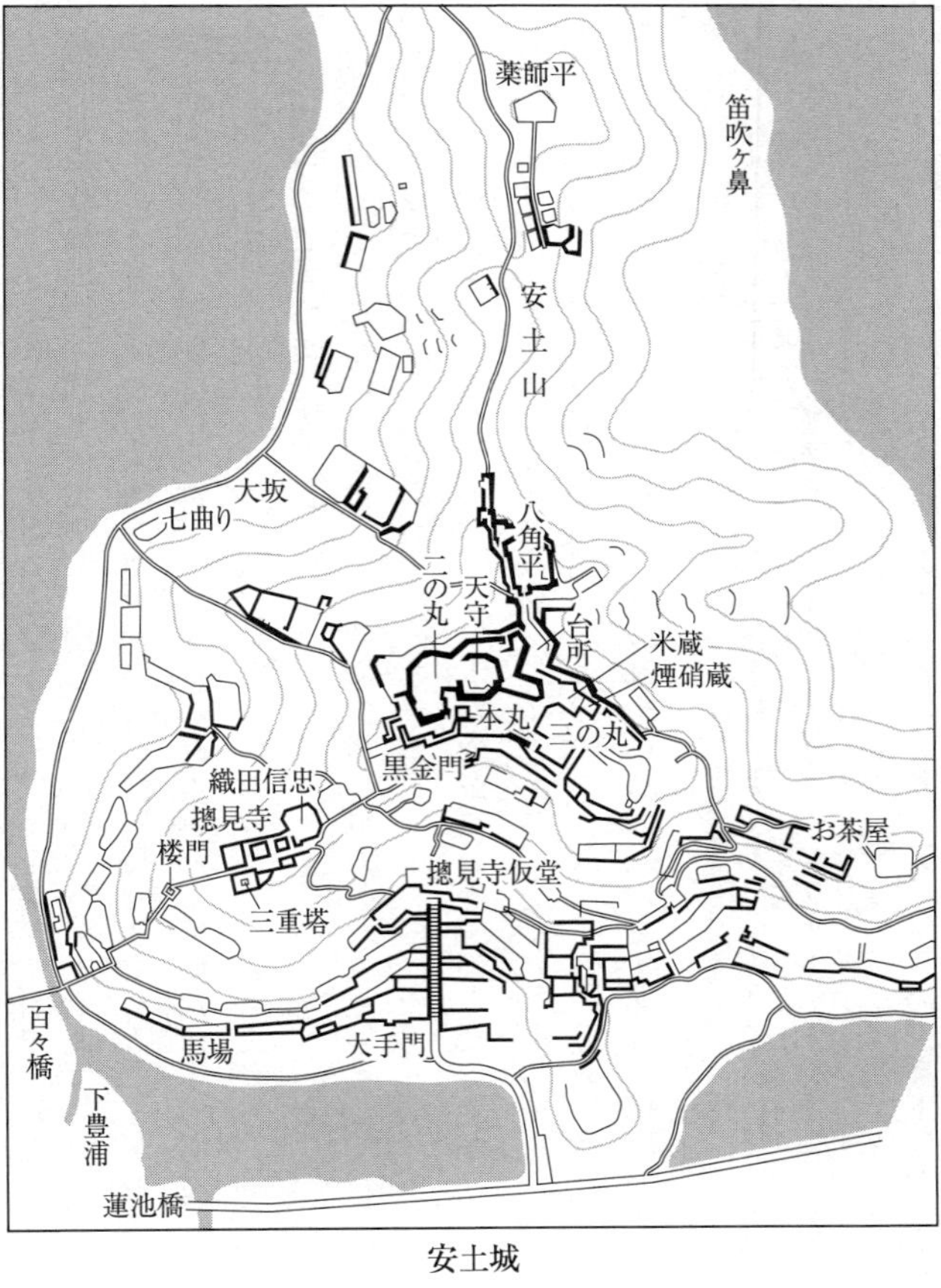
薬師平
笛吹ヶ鼻
安土山
大坂
七曲り
八角平
二の丸
天守
台所
米蔵
煙硝蔵
本丸
三の丸
黒金門
織田信忠
摠見寺
楼門
三重塔
お茶屋
摠見寺仮堂
百々橋
馬場
大手門
下豊浦
蓮池橋

安土城

若狭湾《わかさわん》で陸上げされた荷物は、九里半《くりはん》街道を通って琵琶湖の今津《いまづ》まで運ばれたし、木曽川を流した木材は墨俣で陸上げされ、中山道を通って琵琶湖まで運ばれた。

これらは湖上の水運によって大津まで輸送され、都に持ち込まれることが多かったが、若狭↓今津↓琵琶湖↓墨俣↓伊勢湾という流通経路も確立していたはずである。

また琵琶湖は瀬田川《せたがわ》、淀川《よどがわ》によって大阪湾ともつながっているのだから、瀬戸内海の水運ともつなげることができる。

信長はいち早くそのことに目を付け、義昭の上洛に協力した見返りとして六角氏の旧領だった南近江を手に入れたのである。

一方、堺の支配権を手に入れたのは、この港が南蛮貿易の中心地だったからだ。狙いは優良な火薬を確保することである。

日本には火薬の原料である硝石が産出しないので、火薬はすべて輸入に頼っていた。その輸入ルートを押さえていたのは主に宣教師や南蛮商人たちであり、堺は火薬の荷上げ港だった。

それゆえ堺を制することは死活に関わるほどに重要であり、火薬を買い付けるためには宣教師や彼らのスポンサーであるポルトガルやイスパニアと友好関係を保つ必要があった。

今日の日本が政治、経済、外交などのあらゆる分野でアメリカの影響下にあるように、信長も火薬や先進技術の導入のためにはこの両国の意向を無視することはできなかったのである。

両者の関係を示す象徴的な出来事がある。

天正元年（一五七三）五月、信長は佐和山《さわやま》城下で大型船を建造した。

この年の二月には足利義昭が二条城で反信長の兵を挙げ、四月に勅命によって和議を結んだ直後だったので、新たな変事にそなえて兵員や物資を迅速に送れるようにしたのである。

『信長公記』によれば、〈船の長さ三十間、横七間〉だったという。しかも五月二十二日に着工した船がわずか四十日ほどで完成し、七月六日には信長がこの船に乗って出陣したというのだから尋常ではない。

長さ三十間（約五十四メートル）という船がいかに桁《けた》はずれの大きさかは、同時代に築かれた船と比べてみればよく分る。

これから三年後に信長が毛利水軍と木津川《きづがわ》口で戦った時に用いた大安宅船《おおあたけぶね》が、長さ十二、三間。秀吉が朝鮮出兵の旗艦として建造した日本丸がおよそ十七間。徳川三代将軍家光が御座船《ござぶね》として造らせた天地丸が十五間三尺。

いずれもこの程度の大きさにとどまった理由は、和船の建造技術にある。

日本の船は航《かわら》と呼ばれる厚い板を船底材とし、これに根棚、中棚、上棚《うわだな》という幅の広い外板を組み合わせて船体を造っていく。

航は初め松や楠《くす》の一枚板を用いたが、大型化するにつれて角材をつなぎ合わせて造るようになった。だが継ぎ目の強度には限界があるので、長さ十六、七間以上の大型船は建造できなかったのである。

ところが洋式帆船は、船底に竜骨を用いることによってこの問題を克服した。

竜骨とは部材を恐竜の背骨のように組み合わせて船底材としたもので、これに肋骨《ろっこつ》のような骨組みを立て、外板や甲板を張って船体を造り上げていく。

この技術によって造られた代表的な船がガレオン船で、長さ七十メートルに達するものもあった。

しかもガレオン船の竜骨や肋骨は、ひとつひとつの部材をあらかじめ造り、組み立てた後に狂いが生じないように乾燥させてから用いるので、部材さえ完成していれば組み立てるのにさして時間はかからない。

信長が長さ三十間もの船を短期間で建造できたのは、造船技術に通じた宣教師からガレオン船の技術を教えてもらったからだとしか考えられない。

そうした高度な技術の供与を受けるほど、信長はポルトガルやイスパニアと親密な同盟関係にあったのである。

おそらく大型船の部材は、岩村城のある東美濃でひそかに造り、木曽川の水運によって墨俣まで輸送し、中山道を通って佐和山城下に運び込んだのだろう。

前章で、南禅寺の仏殿再建や銀閣寺造営の用材がこのルートで運ばれたと記したが、信長の近江支配によって、木曽川と琵琶湖の水運はより強固な形で結び合わされたのである。

水運の便という視点から見れば、琵琶湖こそ近畿地方の中心である。

海民と伊勢湾の流通を掌握することによって経済的実力をたくわえた信長が、観音寺城ではなく琵琶湖水運の要地である安土に城を構えたのは、けだし当然だったのである。

第四章　朝倉どのの夢の跡　〈越前一乗谷城〉

越前一乗谷といえば、鎌倉時代からの名族である朝倉氏の名がすぐに頭に浮かぶ。室町幕府の三管家のひとつであった斯波《しば》氏の守護代として越前に勢力を張り、一乗谷に絢爛《けんらん》たる文化の華を咲かせた朝倉氏も、織田信長と対立したことによって滅亡へと追い込まれていく。

最後の当主となった朝倉義景《よしかげ》は、一乗谷に足利義昭を迎えるほどの権勢を誇っていたが、優柔不断な性格がわざわいし、対信長戦において何度か勝機をつかみながらも決定的な勝利を得ることができなかった。

やがて姉川《あねがわ》の合戦での敗北を機に退却を余儀なくされ、ついに天正元年（一五七三）八月に滅亡の時を迎えたのである。

それゆえ戦国時代史においては、朝倉義景は今川義元や武田勝頼と同じように信長の引き立て役として登場することが多い。

また越前には、福井市近郊の燈明寺畷《とうみようじなわて》で討死した新田義貞や北庄城《きたのしようじよう》（福井市内）で滅亡した柴田勝家などがいて、どことなく敗北者の土地というイメージが付きまとうので、朝倉義景も似たような文脈でとらえがちである。

そうしてなんとなく分った気になっているが、では朝倉氏の何を知っているかと自問してみるときわめて心許《こころもと》ない。

そこで今度の旅では信長を脇役に置き、朝倉氏の実情を知ることを主眼にしよう。そんな心積りで一乗谷取材へと出かけたのだった。

十一月二十四日午前九時二十六分、金沢発の普通電車に乗って松任《まっとう》駅へと向かった。前日金沢市内で行なわれた文学賞のパーティーに出席したので、この機会に一乗谷へ取材に行くことにしたのである。

松任駅にはN氏が迎えに来てくれていた。

一向一揆《いっこういっき》の研究家で、北陸の歴史についても造詣《ぞうけい》が深い方である。

十年ほど前に知り合って以来、金沢を訪ねるたびに取材や資料の収集に協力していただいているが、今度も運転手兼案内役を務めてもらうことになった。

「一乗谷へは学生の頃から数えきれないほど足を運んでいますから」

自分の庭へ案内するような頼もしい口ぶりで、一乗谷城の詳細な地形図とぶ厚い資料を渡された。

薄曇りの空の下、日本海ぞいにつづく北陸自動車道をひた走り、一時間ほどで一乗谷に着いた。

谷の入口には下城戸《しもきど》と呼ばれる防塁の跡があり、巨石を用いて築いた虎口の一部が残っていた。

ここから上城戸まで、およそ千七百メートルの谷間《たにあい》に朝倉氏の城下町が広がっていたのである。

当時の城下町には周囲に総構えと呼ぶ土塁をめぐらしてあるが、一乗谷は東西の山を天然の防塁とし、南北の出入口を城戸でふさぐことによって守りを固めていた。

一乗谷川ぞいの道をさかのぼると、朝倉館の跡や復原された町並があった。

朝倉氏の最盛期には一万人を擁していたというから、六千人と推定されている岐阜城下より大きな「都市」だったのである。

そのことからも朝倉氏の力のほどがうかがえるが、天正元年の織田信長の侵攻によって町は放火され、三日三晩燃えつづけた果てに灰燼《かいじん》に帰した。

その後越前を託された柴田勝家は、北庄城を築いて本拠地としたために、一乗谷は急速にさびれて水田が広がる寒村と化したが、このことが後世の我々にとって思わぬ幸いをもたらした。

水田の土の下に、当時の遺跡が手つかずのまま残ったからである。

福井県では昭和四十二年（一九六七）から本格的な発掘調査を開始し、三十五年の間に百五十万点にも及ぶ遺物を収集した。

そのことによって中世城下町の姿や人々の暮らしぶりが鮮やかに浮かび上がったのだ

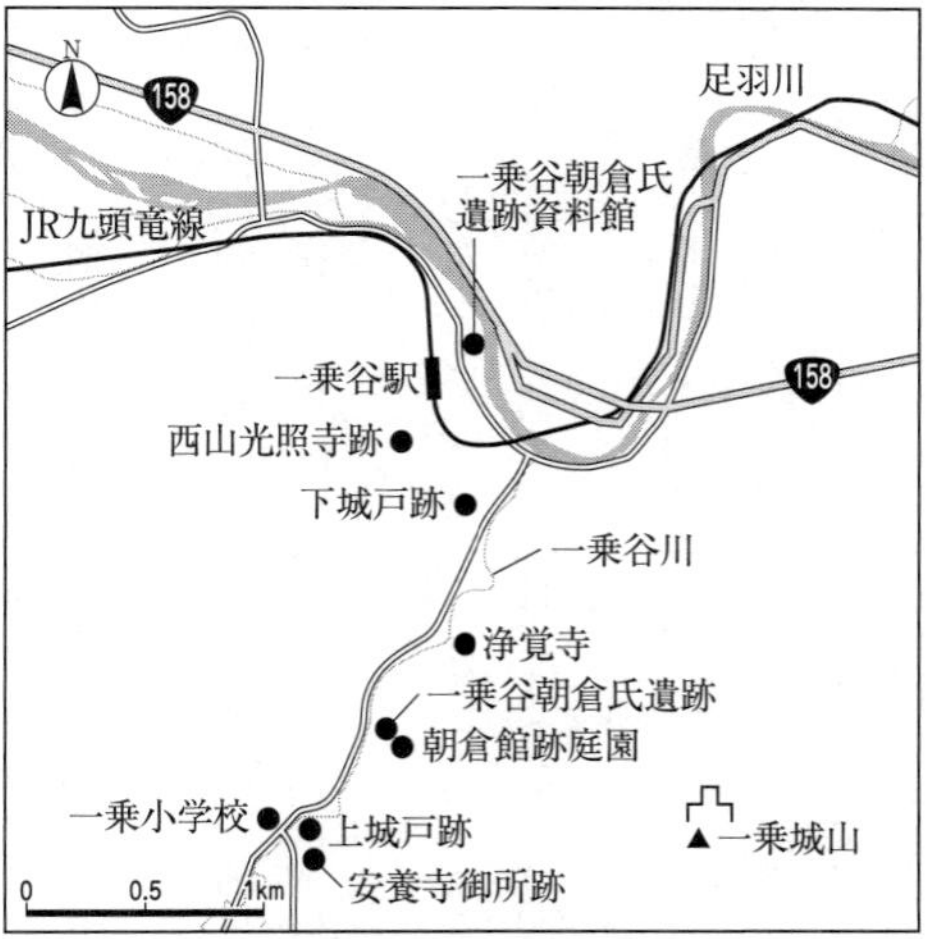
N
158
足羽川
一乗谷朝倉氏
遺跡資料館
JR九頭竜線
一乗谷駅
158
西山光照寺跡
下城戸跡
一乗谷川
浄覚寺
一乗谷朝倉氏遺跡
朝倉館跡庭園
一乗小学校
上城戸跡
一乗城山
安養寺御所跡
0
0.5
1km
一乗谷城周辺図

から、一乗谷は「日本のポンペイ」と呼びたいほどの貴重な遺跡なのである。

朝倉氏は但馬国《たじまのくに》朝倉庄（兵庫県養父《やぶ》市）を名字の地とする一族で、『平家物語』にも源頼朝方となって活躍する但馬国住人朝倉太郎大夫高清の姿が描かれている。

やがて南北朝時代になると、朝倉氏は斯波氏の被官となって但馬から越前へ移り住み、甲斐《かい》氏、織田氏とともに守護代として活躍した。

この織田氏こそ信長の本家なのだから、奇《く》しき因縁という他はない。

やがて応仁《おうにん》の乱が起こり、下克上の世が到来すると、朝倉孝景《たかかげ》はこの機に乗じて一挙に越前一国の主導権を掌握した。

一乗谷を城下町として整備したのも、守護代の地位から脱却して戦国大名としての体制を整えたのも孝景で、彼を一乗谷朝倉家の初代とするのが通説となっている。

孝景は死の直前、有名な『朝倉孝景条々』という掟書《おきてがき》を記すが、子孫もその教えを守って四代、百年にわたる繁栄を保ったのだった。

その勢力は越前一国のみならず、加賀、美濃、北近江、若狭まで及んでいたのだから所領は優に百万石を超えていたと思われるが、いったいその力の源は何だったのか？

一乗谷に絢爛たる文化を築き上げた経済力の基盤はどこにあったのか？

同行のN氏にそのことをたずねると、

「ともかく城山に登りましょう。そうすればおのずと分りますよ」

謎めいた答えが返ってきた。

城への道は三つある。

下城戸の近くと谷の中ほど、そして朝倉館の裏から上る道である。谷の中ほどの道に馬出《うまだし》という地名が残っているので、ここが大手道だったはずだが、我々は朝倉館からの道をたどることにした。

館跡は八十メートル四方の広さがあり、東は山に面し、他の三方には高さ四メートルほどの土塁と堀がめぐらされている。

十数年前に初めて一乗谷を訪ねた時には、土塁の外側には狭い溝しかなかったが、今は立派な堀が復原され、往時の様子を偲ぶことができる。

館の造りが武田信玄の躑躅ヶ崎《つつじがさき》の館とよく似ているのは、両者が同じ時代に似たような境遇で生きたからだろう。

館の一角には朝倉義景の墓があり、まわり一面黄色い落葉に埋れていた。黄落という言葉があるが、落葉に埋れた墓のたたずまいは、信長に無残に滅ぼされた義景の落日を伝えているようなわびしさに包まれていた。

見事な石庭が残る湯殿跡や中の御殿跡を通り抜けると、ひときわ高い場所に初代孝景の墓があった。

こちらは周囲をコンクリートの建物で保護されながらも、どこか孝景の威勢を伝える気高さを保っている。

墓前で丁重に手を合わせていると、

「南無阿弥陀仏《なむあみだぶつ》ととなえると、孝景が怒るかもしれませんね」

N氏がひとしきり頭を垂れて苦笑まじりにつぶやかれた。

孝景は一向一揆と血みどろの戦いをくり返し、越前の領国化を成し遂げた。それだけに一向一揆の研究家であるN氏には、複雑な思いがあるようだった。

杉林の中を分け入っていくと、道は次第に険しくなった。

昨夜雨が降ったらしく、地面が滑りやすくなっている。その上に湿った落葉が降り積っているので、歩きにくいことおびただしい。

空はどんよりとした曇り空で、木陰は夕方のように薄暗い。苔むした岩の陰から、今にも非業の死をとげた雑兵《ぞうひょう》の亡霊が現れそうな気配だった。

爪先上がりの難所をいくつも通り過ぎ、一時間ほどで不動清水に着いた。本丸のすぐ下の井戸の跡で、今でも清らかな水がこんこんと湧いている。

その上にそびえる二十メートルほどの崖を登った所に、千畳敷と呼ばれる広々とした本丸跡があった。

一乗谷には石垣の遺構は見当たらない。険しい山の斜面を利用して曲輪を築き、空堀や土塁、竪堀《たてぼり》などによって防御を固めているだけである。

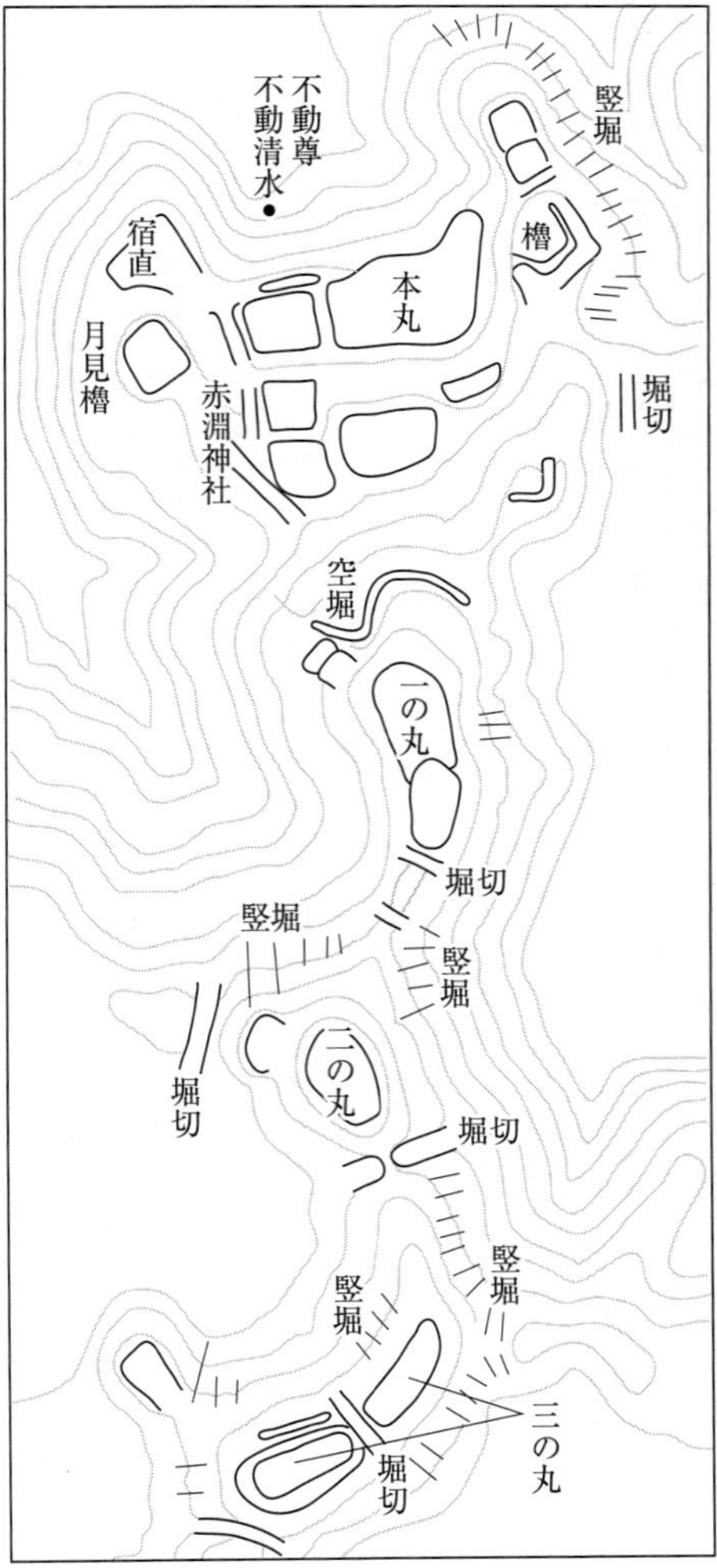

不動尊
不動清水
竪堀
宿直
櫓
本丸
月見櫓
赤淵神社
堀切
空堀
一の丸
堀切
竪堀
竪堀
堀切
二の丸
堀切
竪堀
竪堀
三の丸
堀切

一乗谷城

だが一乗谷ぞいに連なる山の尾根をたくみに利用し、本丸、一の丸、二の丸、三の丸と五百メートルにも及ぶ範囲に曲輪を配し、敵が侵攻してきた場合に備えていた。その厳重な構えは朝倉氏の力の大きさを示すと同時に、敵に敗れたなら皆殺しにされかねなかった戦国時代の緊迫した空気を今に伝えている。

落葉に埋めつくされた千畳敷に、打ち割られた石仏が横たわっていた。千手観音だということは分ったが、風化のために顔が崩れ落ちている。

一乗谷には三千体もの石仏や石塔が点在しているというから、一向一揆と熾烈《しれつ》な戦いをくり返したとはいえ、人々の仏教への信仰心は厚かったのである。

千畳敷の西側には宿直《とのい》と呼ばれる曲輪があった。

「こちらです。ここに立ってごらんなさい」

N氏に案内されるまま曲輪の先まで進み、思わず感嘆の声を上げた。

眼下に福井平野が広がり、足羽《あすわ》川《がわ》や九頭竜《くずりゅう》川《がわ》が大きく蛇行しながら流れている。はるか向こうには日本海がきらめき、高須山《たかすやま》から国見岳《くにみだけ》までつづく山が屏風のように連なっていた。

一乗谷の地理的条件がひと目で分る雄大なながめである。登城の道は険しかったが、この景色を見れば疲れなど一瞬に吹き飛んでしまう。

「あのあたりが三国湊《みくにみなと》です。あそこで陸揚げされた荷物は、川舟に積み替えて一乗谷まで運ばれました」

九頭竜川、足羽川をさかのぼれば、下城戸のすぐ側《そば》まで舟を着けることができる。一乗谷川との合流地点には、舟をつなぐための船着場があったという。

朝倉氏の経済力の基盤は、三国湊を拠点とした日本海交易にあった。交易は国内にとどまらず、遠く朝鮮半島や中国大陸にまで及んでいたのである。

下城戸の近くの安波賀《あばか》には「唐人座」があって、中国や朝鮮からの輸入品を独占的に扱う権限が与えられていた。

当時の古文書には〈唐人の在所〉という表現も用いられているので、中国から渡来した人々が住んでいた可能性もある。

そのことを裏付けるような記事が、朝倉氏の歴史を記した『朝倉始末記』の第二巻に見える。

〈天文二十年（一五五一）七月二十五日、唐船が三国湊に着岸した。乗っていたのは唐人百二十人で、乗組員のために小谷六郎左衛門《ろくろうざえもん》の家が宿舎とされた。外国のことを聞こうと近国遠郷の僧俗男女がどっと押しかけたために、国のにぎわいぶりはかつてなかったほどだった〉

百二十人乗りだからよほど大型の船だったろうが、興味深いのは乗組員のためにすぐに宿舎が用意され、外国の話を聞こうと大勢が集まったという記述である。

初めて唐船が港に着いたのであれば、こんなことが起こるはずがない。おそらく船は順風の季節に定期的にやって来て、外国産の珍しい品々を運んできたのだろう。

どっと人々が押しかけたのは、外国の話を聞くためというより、船の積荷をいち早く買い付けるためではないだろうか。

唐船の積荷は絹織物や中国産の陶磁器、火薬の原料となる硝石や鉄砲玉の原料である鉛など、日本国内で飛ぶように売れる品ばかりだったはずである。

こうした輸入品の販売権は唐人座に与えられていたのだから、唐船が入れば唐人座の市が立つ。人々はこの市に集まり、シビアな値段の交渉の末に輸入品を買い取っていったのだろう。

唐船の入港と聞いて即座に人々が集まったのは、唐人座の者たちが事前に唐船の来港日を知っていて、何月何日に市を開くと触れ回っていたからにちがいない。

市の収益の何割かは朝倉氏に納められていたはずで、これが一乗谷の繁栄を支える経済的な基盤となっていたのである。

そのことを証明するような遺品が、一乗谷の発掘調査によって続々と出土した。

ひとつは中国産の陶磁器で、宋《そう》の時代に定窯《ていよう》で作られた白磁や竜泉窯《りゅうせんよう》で作られた青磁など、質も高く種類も豊富である。朝倉館跡から発掘された陶磁器の実に三割が、こうした輸入品だったという。

もうひとつは銭である。

昭和六十二年（一九八七）の夏、武家屋敷の井戸の跡から一万六千五百九十四枚もの銅銭が見つかった。いずれも中国、朝鮮、琉球《りゅうきゅう》などで作られたもので、日本で鋳造された銅銭は一枚もなかった。

当時日本で流通していた銅銭の大半は外国産のものだが、一度にこれほど大量に発見された例はないという。

一乗谷からはこれまで六万枚もの銅銭が発掘されているが、このことは商業活動が活発に行なわれていたことだけでなく、一乗谷が三国湊を拠点として東アジア貿易圏と密接につながっていたことを物語っている。

また遺跡からは北前船《きたまえぶね》の元祖といえるような船の模型も見つかっている。檜をくり抜いて作った全長四十八・五センチ、幅二十センチの精巧なもので、信長の焼討ちにあって焼けこげているものの、北前船の発達史を知る上で貴重な手がかりになるという。

この模型の用途を示す史料はないが、おそらく造船を請け負った船大工が船主に贈ったものだろう。

北前船の場合にも、船大工は造船にかかる前に精巧な模型を示して船主の了解を得る風習があった。この模型もそうした目的で作られたのだとすれば、一乗谷にはこの船の船主が住んでいたことになる。

これまで朝倉水軍の存在を示す史料は発見されていないようだが、これほど海に深い関わりを持っていた朝倉家が水軍を持っていなかったはずがない。

あるいはこの焼け残った模型が、水軍の存在を立証するための手がかりになるかもしれない。


N氏の先導で一の丸、二の丸跡を見学した後、一時間ほどかかって下山した。道が急で滑りやすいので、登りより下りのほうが時間がかかる。

復原された町並や武家屋敷の跡を見てから、上城戸へ行った。城戸の幅は十三メートル、高さ五メートル、長さは五十メートルもある。城戸の上には櫓が走り、壁には鉄砲狭間を開けて敵を迎え討つ構えを取っていただろう。

見上げるほどの高さの土塁が、当時の警戒の厳重さをうかがわせる。

意外なことに、朝倉義景を頼って一乗谷まで落ちてきた足利義昭の御所は上城戸の外にある。つまり城下には入れてもらえなかったわけで、このあたりの処遇からも義昭が招かれざる客であったことがうかがえる。

御所跡に立つと、目の前に連なる山が視界を閉ざしている。義昭はこの館で一年近くを過ごしながら、上洛軍を起こそうとしない義景の優柔不断に、さぞ苛立《いらだ》っていたことだろう。

義昭が信長の招きに応じて岐阜におもむいたのは、永禄十一年（一五六八）七月のことだ。

信長はそのわずか二年後に、六万近い大軍をひきいて越前に侵攻するが、越前金ケ崎《かねがさき》城《じょう》を攻めているさなかに浅井長政《あざいながまさ》の謀反を知り、わずかな馬廻《うままわ》り衆とともに都へ退却した。

朝倉氏は危うく虎口《ここう》を脱したものの、姉川の戦いに敗れ、信長包囲網の一翼を荷ってからも決定的な勝利を得ることができず、天正元年の織田軍の侵攻によってついに滅亡の時を迎えたのである。

義景は一乗谷を脱出し、朝倉景鏡《かげあきら》の進言に従って大野に向かったものの、景鏡の裏切りによって自刃に追い込まれた。

享年四十一。辞世の句は、〈七転八倒　四十年中　無他無自　四大本空〉だという。

四十年ほど七転八倒して生きてきたが、結局は空に帰す身であった、というほどの意味だろうか。

信長と義景の戦いは、近世の扉を開こうとした天才と、保守的で凡庸な武将との戦いと評されることが多い。

だが朝倉氏の経済的な基盤が東アジア貿易にあったということを視野に入れて両者の戦いをとらえれば、まったくちがった様相を呈してくる。

これまで言及してきたように、信長は伊勢湾周辺の海運を支配下に置くことによって勢力を伸ばし、永禄十一年の上洛後にいち早く堺の支配権を得て、イエズス会やポルトガルとの貿易において独占的な地位を確立した。

これに正面から対抗したのが、中国や朝鮮との貿易によって経済力を保持していた朝倉氏だった。

つまり両者の対立は、中国（当時は明国《みんこく》）を盟主とあおぐ東アジア貿易圏に基礎をおく朝倉氏と、ポルトガル、イスパニアを盟主とする世界貿易圏にパイプをつないだ信長との、主導権を賭けた争いだった。

さらに言えば日本海航路による中国貿易と、太平洋航路による南蛮貿易との争いでもあったのである。

天正元年に朝倉氏を滅ぼした信長は、越前の豪商「橘屋《たちばなや》」に北庄や一乗谷などにおける唐人座の運営と、絹織物を扱う軽物座の開設を認めている。

そうして以前のとおりに中国や朝鮮との交易を行なわせて、経済的な利益を得ようとしたのである。

このことによって信長は東アジア貿易においても独占的な地位を占め、天下統一に驀《ばく》進《しん》できるだけの経済的基盤を固めたのだった。

第五章　激戦に散った夫婦愛　〈小谷城〉

浅井長政が織田信長との開戦を決意したのは、元亀元年（一五七〇）四月のことだった。

この年信長は一乗谷の朝倉義景を討つために越前金ヶ崎まで出陣した。

信長と同盟関係にあった長政はこの作戦に従う意向を表明していたが、突然朝倉方に寝返り、信長軍の退路を絶つ行動に出た。

四月二十六日にこの知らせを受けた信長は、

「虚説たるべし」

嘘《うそ》にちがいないと断言した。

長政には妹お市の方を嫁がせている上に、北近江一帯の支配権を与えているのだから、裏切るはずがないと思い込んでいた。

ところが事実であるとの知らせが次々と飛び込んでくる。このままでは袋のねずみにされかねない窮地におちいった信長は、若狭から朽木《くつき》越えの道を通って都へと逃れた。

四月三十日に都にたどり着いた時には、従う者はわずか十騎だったという。

長政がこうした決断をしたのは、朝倉家とは祖父の代から親しい関係にあり、このまま見殺しにすることはできなかったからである。

長政は信長に身方したかったようだが、父久政や重臣たちが朝倉方につくべきだと主張したために、やむなく開戦に踏み切ったのだった。

だが千載一遇ともいえる好機を逃したために、やがて信長の手厳しい反撃を受け、滅亡へと追い込まれていく。

二ヶ月後に起こった姉川の戦いで、浅井、朝倉の連合軍一万八千は、織田、徳川軍二万九千に大敗し、浅井方は小谷城《おだにじょう》での籠城を余儀なくされた。

その後、武田信玄や石山本願寺と同盟して信長に対抗するが、天正元年（一五七三）八月二十七日に織田軍の総攻撃を受け、翌日にはあえなく落城したのである。

この時、お市の方はお茶々、お初、お江《ごう》をつれて城を逃れた。

三人はやがて秀吉の側室淀《よど》殿、京極高次《きょうごくたかつぐ》夫人、徳川秀忠《ひでただ》夫人となって歴史に名を刻んでいく。

浅井長政は中世の象徴というべき山城で亡んだが、三人の娘は近世初頭のこの国で鮮やかな足跡を残したのである。

十二月二十日、小谷城のある東浅井郡湖北町《こほくちょう》（現長浜市）を訪ねた。

京都からＪＲ東海道本線新快速長浜行に乗り、長浜からＪＲ北陸本線に乗り替えて二つ目の河毛《かわけ》駅まで、およそ一時間半の旅である。

駅のコミュニティハウスでレンタサイクルを借り、湖北町役場に向かった。文化財担当の方に取材の要点を教えていただくためである。

役場の側には町立図書館があり、小谷城や浅井家に関する書物もそろえてあった。ワンフロアの広々とした館内に、高さをおさえた書架や机が置かれ、窓からの採光が充分に取れるように工夫をこらしてある。

職員の方々の応対も親切で、元図書館司書としては嬉《うれ》しい限りであった。

湖北町は山と湖の間に開けた町である。

東には北陸地方から南へせり出した山地が迫り、西には琵琶湖が満々たる水をたたえて横たわっている。

小谷城は町の東、山と湖の結節点というべき所に位置していた。

標高四百九十五メートルの小谷山から、二本の尾根が南へせり出し、清水谷と呼ばれる深い谷を成している。

その谷を居住地とし、尾根に城を築いて防御を固めたのが小谷城の全体像なのである。谷の入口には土塁や堀をめぐらし、城戸を築いていたというから、構造としては越前一乗谷によく似ている。

谷の入口に立つと、小谷山が真っ正面にひときわ立くそびえていた。

小谷城が築かれた当初は山頂に城があったが、戦国時代の初期に谷の東側の尾根に移

N
小谷山
（大嶽城跡）
五先哲館
小谷城跡
西池
小谷小学校
須賀谷温泉
小谷寺
河毛駅
365
虎御前山
虎御前山公園
北陸自動車道
JR北陸本線
0
0.5
1km

小谷城周辺図

された。

今日小谷城と呼ばれているのはこの城のことで、山頂の城は大嶽城《おおずくじょう》と呼ばれている。ふり返ると、すぐ後ろに虎御前山《とらごぜやま》があった。

天正元年に小谷城を攻めた信長は、ここに城を築いて前線基地としたが、小谷城との距離は驚くほど近い。互いの姿がはっきりと見えるほどだった。

大手の登城口は谷を入ってすぐの所にあった。山頂まで二・七キロの表示がある。山腹の狭い道をジグザグに登って尾根に出ると、道は急になだらかになった。

これなら楽だと先を急いでいると、すぐ側を自動車道が走っている。ふもとから城の大手口まで、車で行くことができるのである。

大手口には番所跡があった。

ここに大手門があり、番所を設けて登城する者を監視したのだろう。

興味深いのは、番所の外の小高い尾根に金吾丸があることだ。

これは大永《だいえい》五年（一五二五）に浅井氏が南近江の六角氏と戦った時に、越前から応援に来た朝倉金吾教景《のりかげ》の陣所だった所である。

長政の祖父亮政《すけまさ》が小谷城を築いて戦国大名への道を歩み始めるのはこの頃だが、朝倉家はその当初から浅井家への支援を惜しまなかったのである。

番所の横を抜けて険しい道を登ると、御茶屋と呼ばれる曲輪があった。

小谷城は尾根の上に曲輪を一列に配した連郭式の山城だが、その最先端に位置するのがこの御茶屋である。客人や使者をもてなすための茶屋があったことから、この名がつけられたのだろう。

つづいて御馬屋があり、馬洗池があった。池のまわりに築かれた石垣が今も残り、底には水が溜《たま》っている。

そのすぐ上には桜馬場があるので、城主や一門衆はここで乗馬の訓練をしたり、出陣前の馬揃《うまぞろ》えをしたものと思われる。

桜馬場より一段高くなった所に大広間があった。

縦八十五メートル、横三十五メートルほどの城内最大の曲輪で、入口には黒金門の遺構がわずかに残っている。

ここに城主の御殿があり、長政やお市の方が暮らしていた。落城の際に長政がお市の方に城を出るように説いたのも、この御殿でのことである。

広々とした曲輪には冬枯れの木が立ち並び、地面は落葉におおわれていた。

湖北の気候は北陸に近い。空には雲が低くたれこめ、冷たい北風が吹き抜けていく。

大空に伸び傾ける冬木かな

思われた。

高浜虚子《たかはまきよし》の句を思わせる寒々とした景色で、この城で亡びた者たちがひときわ哀れに思われた。

大広間の北側の一段高くなった所が本丸である。ここには三層の天守閣があったと伝えられている。

小谷城の曲輪は尾根の高低差を生かしたもので、石垣はあまり用いられていないが、本丸の東側には高さ四メートル、幅十メートルばかりの野面《のづら》積みの石垣が残っている。

かつては本丸の斜面全体が石垣におおわれていたのか、それともここだけを補強するために築いたのか分からないが、石垣の後ろに入れたバラ石が垣間《かいま》見えて、四百数十年前にこれを築いた人々の思いが伝わってくるようだった。

本丸からは近江と美濃の国境にそびえる伊吹山がくっきりと見える。その山の向こうには信長が住んでいた岐阜城がある。

苦しい籠城戦の間、長政とお市はどんな思いで伊吹山をながめていたのだろうか。

目を北に転じると、北陸の山々が白い雪におおわれている。

あの山の向こうから朝倉軍が救援に来るのを、首を長くして待っていた日もあったにちがいない。

本丸の北側には幅十五メートルもの大堀切がある。尾根を深々と掘り切って北側から攻めて来る敵に備えたものだ。

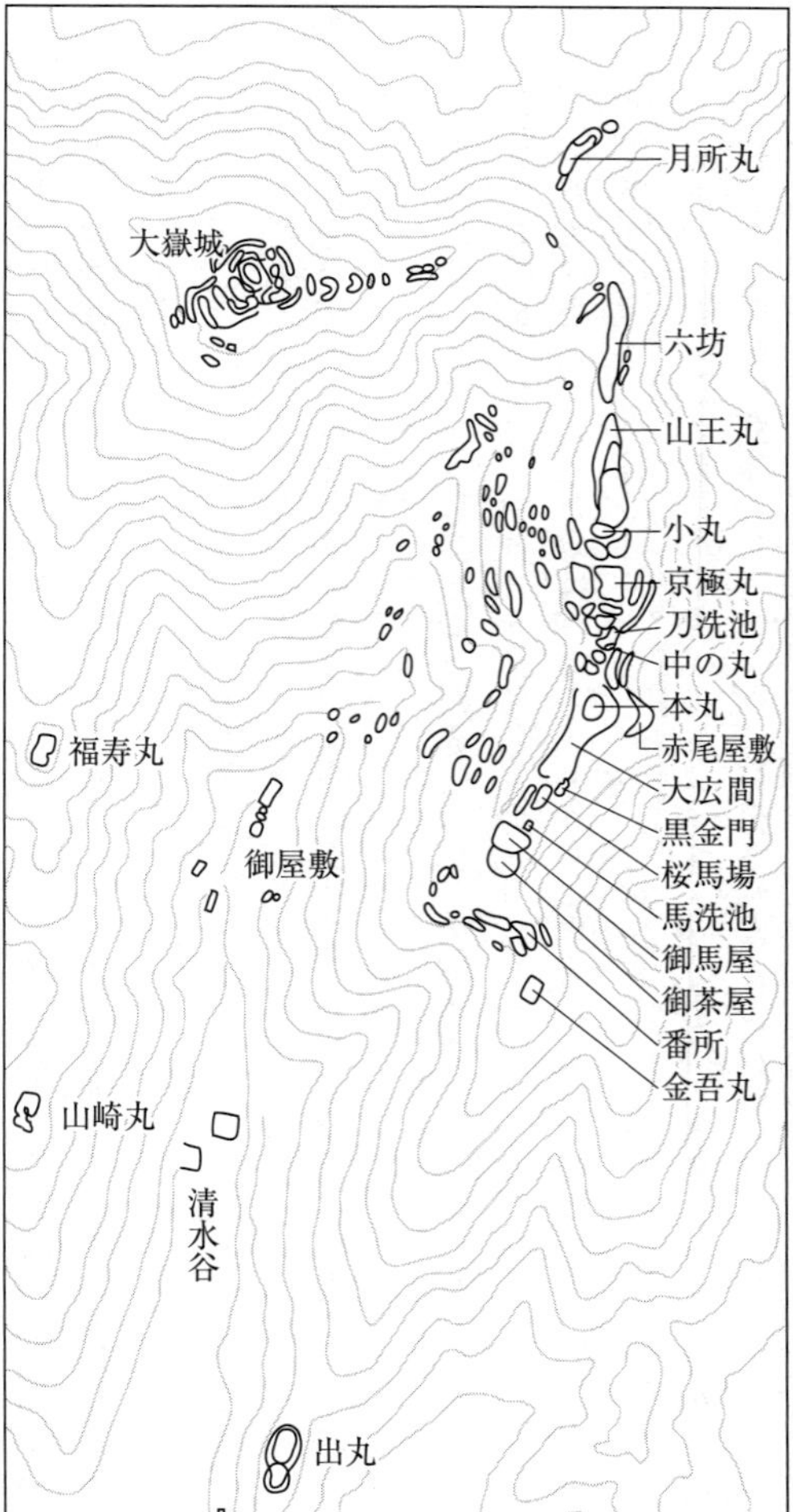
月所丸
大嶽城
六坊
山王丸
小丸
京極丸
刀洗池
中の丸
本丸
赤尾屋敷
大広間
黒金門
桜馬場
馬洗池
御馬屋
御茶屋
番所
金吾丸
福寿丸
御屋敷
山崎丸
清水谷
出丸
小谷寺

小谷城

それゆえ小谷城が築かれた頃には、本丸までしか曲輪はなかっただろうと推定されている。

しかし大堀切の北側には中の丸、京極丸、小丸、山王丸という大規模な曲輪があり、京極丸には浅井家の主筋に当たる京極氏が住んでいたのだから、この大堀切は織田軍の来襲に備えて作られたと見たほうが妥当かもしれない。

もしそうだとすれば、山頂にある大嶽城が落とされても、大堀切で敵を食い止めようと考えたのだろうが、この作戦は完全に裏目に出た。

この堀切のために本丸と京極丸との連絡に支障をきたし、将兵の移動や弾薬の補給が迅速に運ばなかったからである。

小谷城攻めの先陣をうけたまわった秀吉は、この弱点を見逃さなかった。八月二十七日の未明に夜襲をかけ、京極丸を占領して城を分断したのである。

このために小丸にいた久政は、この日のうちに自刃に追い込まれた。翌日には本丸にいた長政も切腹し、小谷城はあえなく落城したのである。

これまで行なわれた数度の発掘調査によって、清水谷の屋敷跡からは火災の跡が確かめられたが、尾根の曲輪からはまったく発見されなかったという。

つまり長政は、落城に際して城を焼かなかったのである。

秀吉軍の攻撃があまりにも素早かったために、城に火を放つ余裕がなかったのか。

あるいは脱出したお市の方や三人の娘に、思い出深い城が炎上するのを見せまいという配慮から、あえて火を放たなかったのかもしれない。

山王丸から大嶽城があった山頂まではわずか八百メートルだが、この間の道は尋常ではなかった。

何しろ山王丸と山頂では百メートルの高低差があるのだから、爪先上がりの切り立った道を延々と登らなければならない。

しかも所々に、「小谷山にはカモシカが生息しています。熊と間違えやすいのでご注意下さい」という掲示板がある。

ということは熊もいるということだろうと背筋が寒くなり、あわてて近くの倒木を拾って杖《つえ》を作った。

万一出くわしたなら我流の剣で撃退してやろうと、握りの太い長い杖にした。

山頂の大嶽城跡に着いたのは、ちょうど午後二時。登山に要した時間は一時間三十分である。

山頂からのながめは絶景だった。

眼下に琵琶湖が広がり、竹生島が丸く浮かんでいる。その手前には湖畔にそびえる山《やま》本山《もとやま》があった。

ここには山本山城があり、浅井氏が琵琶湖の水運を掌握する重要な拠点となっていた。

前章で朝倉家の財力を支えたのは日本海水運から上がる利益だと書いたが、浅井家も琵琶湖の水運を大きな収入源としていた。

積荷は北陸方面から畿内に送られるものが主で、こうした面からも浅井、朝倉は一衣帯水の関係にあったのである。

小谷城の南の伊部《いべ》には、船場の辻《つじ》という地名が残っている。琵琶湖から姉川、高時川《たかときがわ》（別名妹川ともいう）をさかのぼった小舟は、高時川の支流の田川を通って船場の辻へとたどり着いた。

小谷城は琵琶湖からかなり離れた位置にあるが、水運によって密接に結びついていたのである。

長政が姉川を防御ラインとして織田軍を迎え討とうとしたのは、この水運を死守しなければ浅井家の明日はないと考えたからかもしれない。

大嶽城跡の曲輪や土塁は、比較的良好な形で残っている。

山の位置や地形の険しさからいえばこちらのほうが山城に適していて、初期の小谷城がここにあったのもむべなるかなだが、ひとつだけ重大な欠点があった。

山頂部にあるので、四方からの風をもろに受けるのだ。

そのことを証明するように、大木が根こそぎ倒れていたり、途中から吹き折られたりしていた。

台風の季節や北風が吹く頃には、とてもこんな所に住めたものではあるまい。非常の際の詰めの城としての役目は果たせても、住居をかねた山城としては使えない。浅井亮政が城を東の尾根に移したのは、この強風をさけるためだった。また城下町に近く、領民の暮らしと密着できるという利点もある。高低差百メートルの移動は、初期の山城から戦国期の山城への移り変わりを示す象徴的な出来事なのである。

小谷山の山頂から、小谷城跡を鮮やかに見下ろせる場所が一ヶ所だけある。他の所は木立ちにさえぎられて全体像がとらえにくいが、斜面に垂直に切り立った岩場の上からはくっきりと見渡すことができる。

一歩間違えば転落しかねない場所なので、護身用のロープが必要なほどだが、ここから見下ろす小谷城跡には哀れを誘う風情がある。

この小さな尾根で織田信長と対峙《たいじ》し、力及ばず滅亡した浅井長政や家臣たちの運命を思うと、同情を禁じ得ない。

元亀元年（一五七〇）六月、姉川の戦いに大敗した長政は、小谷城に立て籠って再起を期した。

この頃都では足利義昭を盟主とした信長包囲網がひそかに築かれつつあり、武田信玄や石山本願寺、比叡山延暦寺《えんりやくじ》がこれに加わることを約していた。

浅井、朝倉両家にとっては、願ってもない挽回《ばんかい》のチャンスが訪れたのである。

包囲網軍の作戦は、信長を大坂におびき出すことから始まった。

姉川の戦いからほどなくして、三好三人衆が大坂城に近い野田、福島の砦で挙兵した。信長はこれを攻めるために天王寺《てんのうじ》まで出陣したが、九月十二日になって突然石山本願寺が反信長の兵を挙げ、信長方として出陣していた根来《ねごろ》、雑賀《さいか》、湯川《ゆかわ》などの一向一揆勢二万余が信長軍に襲いかかった。

これに呼応して浅井、朝倉軍が動いた。

九月十九日、一向一揆勢も加わって三万余にふくれ上がった軍勢が、織田信治《のぶはる》や森可成《もりよしなり》が守る坂本の宇佐山城《うさやまじよう》を攻め落とした。

信長は急遽《きゆうきよ》軍を返し、九月二十四日に近江に出陣した。これを見た浅井、朝倉勢は、正面からの決戦をさけて比叡山に立て籠ったのである。

反乱は信長の本拠地尾張でも起こった。

十一月二十一日、伊勢長島の一向一揆が蜂起し、小木江城《こきえじよう》を守っていた信長の弟信興《のぶおき》を自害に追い込んだ。

浅井、朝倉勢はこれに呼応して堅田《かたた》まで攻め下り、織田方の砦を次々に陥落させた。

絶体絶命の窮地に追い込まれた信長は、正親町天皇にすがって和睦《わぼく》の勅命を出してもらうことにした。

和睦の条件は、信長が横領した山門（延暦寺）領をすべて返還すること、浅井長政と六角承禎《じょうてい》の近江領有を認めることである。

これによって虎口を脱した信長は、将軍義昭立ち会いのもとに和睦の誓紙を交わし、岐阜へと引き揚げた。

ところが翌年二月には再び近江に攻め込み、九月には浅井、朝倉に身方した比叡山を焼討ちにしたのである。

包囲網軍二度目の攻勢は、元亀三年（一五七二）十二月だった。

甲斐の武田信玄が遠江に攻め込み、三方ヶ原の戦いで織田、徳川の連合軍を打ち破った。

翌年二月には将軍義昭が挙兵し、浅井、朝倉軍も武田軍に呼応して美濃、尾張に攻め込む構えを見せた。

南からは伊勢長島の一向一揆が、根来、雑賀衆の支援を得て北上する機会をうかがっていた。

もしこの時包囲網軍が一気に決戦を挑んでいたなら、信長の命運は尽きていたかもしれない。

だが信玄は急病（一説には狙撃されたともいう）をわずらって動きがとれなくなり、朝倉義景は長期の滞陣に耐えきれなくなって兵を引いた。

信長はこの機をとらえ、三月二十九日に上洛し、四月四日に義昭がこもる二条城を包囲した。

そうして再び正親町天皇に勅命を出してもらい、四月六日に義昭と和睦した。

信玄が帰国途中に没したのは、それから六日後のことである。

包囲網が寸断されては、浅井、朝倉に信長に立ち向かう力はない。

同年八月九日、信長は小谷城攻めのために虎御前山城に入り、三日後には朝倉方の援軍が守っていた大嶽城を攻め落とした。

朝倉軍は小谷城を見捨てて退却したが、信長はこれを追って越前へと攻め込み、三千余人を討ち取って一乗谷の朝倉義景を亡ぼした。

八月二十七日、信長は返す刀で小谷城に攻めかかり、京極丸を占領して浅井久政を自刃させた。

翌二十八日、本丸の長政も自刃し、浅井家は史上から姿を消したのである。

この激動の三年間を、お市の方は長政とともに過ごした。

戦国時代の婚姻は、両家和睦のための人質的な意味あいが強かったのだから、長政は信長との開戦を決意した時にお市の方を織田家に送り返そうとしたはずである。

ところがお市の方はこれを拒否し、長政と生死をともにする道を選んだ。

いかに長政の妻とはいえ、信長の妹に対する家中の目は厳しかったにちがいない。

特に姉川の戦いに敗れ、小谷城での籠城を余儀なくされてからは、狭い城内で身の置き所もない思いをしていただろう。

だがお市の方は気丈に耐え抜き、長政を励まして兄信長と戦いつづけた。

二人の仲がどれほど睦《むつ》まじかったかは、天正元年に三女のお江が誕生していることからもうかがえる。絶望的な戦いの中でも、二人の愛はしっかりと実を結んだのである。

落城に際して、お市の方は長政とともに自決したいと望んだ。

だが三人の娘まで道連れにするのは忍びないという夫の説得を容《い》れて、落城寸前の城から織田方へと投降した。

時に長政二十九歳、お市の方は二十七歳である。

彼女は断腸の思いで城を後にしただろうが、この決断は功を奏し、三人の娘はそれぞれ歴史に名を留《とど》める生き方をした。

中でも徳川秀忠の妻となった三女のお江は、三代将軍家光や後水尾《ごみずのお》天皇の后《きさき》となった和子《まさこ》を生み、浅井家の血脈を後世に残したのである。

岩場の上からながめる小谷城跡の尾根は、うずくまった猫の背中のように丸くおだやかな形をしている。だがこの場所で、世の激動に抗して生き抜こうとした夫婦の愛の物語が確かにあったのである。

第六章　焼討ちされた中世のシンボル　〈比叡山延暦寺〉

元亀二年（一五七一）九月十二日の明け方、織田信長の軍勢は兵船を連ねて琵琶湖を押し渡り、坂本に上陸して比叡山攻撃に着手した。

坂本は比叡山延暦寺の門前町で、日吉《ひえ》大社の社殿や多くの里坊が軒を連ねている。信長軍はそれらの建物に手当たり次第に火を放ち、僧俗男女を問わずなで斬りにした。

坂本の住人や山門衆徒はあわてて防戦につとめたが、鉄砲隊を先頭にして攻めかかる信長軍に太刀打ちできず、多くの者たちが殺され、生き残った者たちは八王寺山や比叡山へと逃げのびた。

太田牛一が記した『信長公記』は、この日の様子を次のように伝えている。

〈九月十二日、叡山を取り詰め、根本中堂《こんぽんちゆうどう》、三王廿一社《さんのうにじゆういつしや》を初め奉《たてまつ》り、霊仏・霊社・僧坊・経巻一宇も残さず、一時に雲霞《うんか》の如《ごと》く焼き払ひ、灰燼の地となすこそ哀れなれ。山下の男女老若、右往左往に癈忘《はいぼう》致し、取る物も取り敢《あ》へず、悉《ことごと》く、かちはだしにて、八王寺山へ逃げ上り、社内へ逃げ籠る〉

「叡山を取り詰め」とは、逃げ場がないように四方から包囲したという意味だから、この攻撃が周到に準備されたものであることがうかがえる。

しかも明け方の奇襲なのだから、坂本の住人たちがあわてふためき、身ひとつで比叡山へ駆け込んだのもむべなるかなである。

信長軍はこれを追って山上に殺到し、暴虐の限りを尽くした。

〈諸卒四方より鬨音《ときのこえ》を上げて攻め上る。僧俗・児童・智者《ちしゃ》・上人《しょうにん》、一々に頸《くび》をきり、信長の御目に懸け、是れは山頭に於《お》いて、其の隠れなき高僧・貴僧・有智《うち》の僧と申し、其の外、美女・小童《しょうどう》、其の員《かず》をも知らず召し捕へ召し列《つ》らね、御前《ごぜん》へ参り、悪僧の儀は是非に及ばず、是れは御扶《おたす》けなされ候へと、声々に申し上げ候と雖《いえど》も、中々御許容なく、一々に頸を打ち落され、目も当てられぬ有様なり。数千の屍《しかばね》算を乱し、哀れなる仕合せなり〉

牛一自身がこの場に立ち会っていたせいか、この描写には鬼気迫るものがある。信長は山上に上がって指揮をとり、女子供にいたるまで情容赦なく斬り殺させた。このことに対して多くの家臣たちが内心反対していたことは、〈御扶けなされ候へと、声々に申し上げ候と雖も〉という記述から明らかである。

その諫止《かんし》をふり切ってまで、なぜ信長はこのような行動に出たのか？

その答えを求めて、比叡山を歩いてみることにした。

松がとれた二〇〇三年一月八日、くっきりと晴れ渡った空に誘われて取材に出た。地下鉄東西線で御陵《みささぎ》駅まで行き、京阪《けいはん》電車に乗りかえて坂本に向かった。

電車は琵琶湖を右手に見ながら北へと走って行く。途中三井寺《みいでら》や穴太という駅名があり、歴史にゆかりの深い土地に来たという実感は刻々と強くなっていく。

坂本駅（現坂本比叡山口駅）で下りてしばらく歩くと広々とした参道があり、道の両側には穴太積みの石垣が整然と連なっていた。

その一角に生源寺《しょうげんじ》がある。

伝教大師最澄は神護景雲《じんごけいうん》元年（七六七）にこの地で生まれ、比叡山延暦寺の開祖となったのである。

参道の突き当たりにある広々とした石段が比叡山への登山口で、これより二十五丁（約二・七キロ）と刻んだ石塔が立っていた。

登山口の手前には六角地蔵堂があり、最澄自作と伝えられる地蔵さまが安置されている。丸く福々しい姿をした素朴な作りの石仏である。

いつもはケーブルカーで山上まで向かうが、今回は本坂と呼ばれる登山道を歩くことにした。

しばらく登ると、美しく整備された石段が山頂に向かって真っ直ぐに伸びていた。塔頭《たっちゅう》を新築する際に築かれたものらしく、石段の上に立って後ろをふり返ると坂本の町と琵琶湖が眼下に広がっていた。

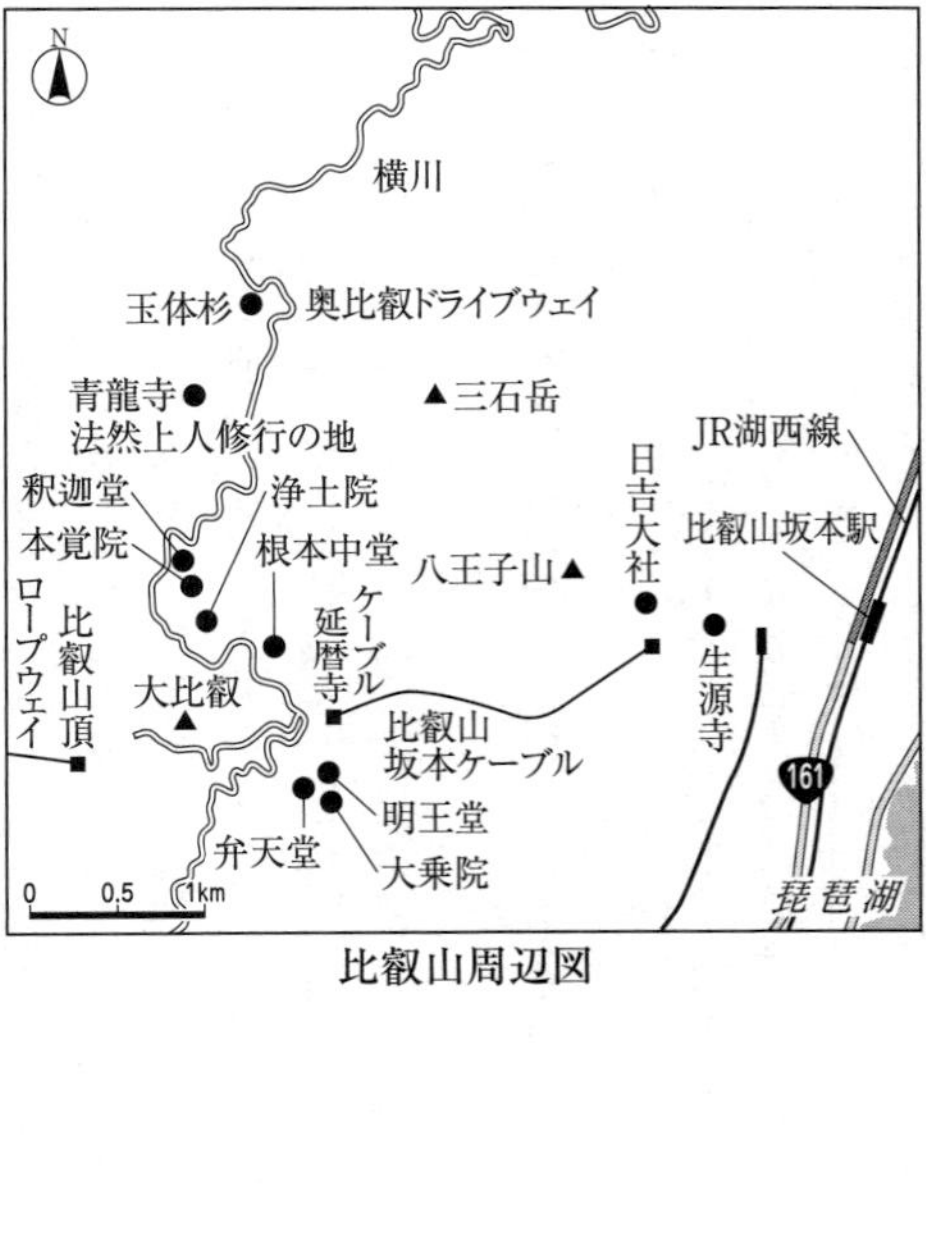
N
横川
玉体杉
奥比叡ドライブウェイ
青龍寺
法然上人修行の地
三石岳
JR湖西線
日吉大社
釈迦堂
浄土院
本覚院
比叡山坂本駅
根本中堂
八王子山
ロープウェイ
比叡山頂
ケーブル延暦寺
生源寺
大比叡
比叡山
坂本ケーブル
161
明王堂
弁天堂
大乗院
0
0.5
1km
琵琶湖

比叡山周辺図

整備されているのはそこまでで、その先は昔ながらの山の道である。まだ雪もかなり残っていて、登りおおせるかいささか不安になった。

山上の標高はおよそ六百五十メートルだから、ふもととの差は五百メートル近い。その山上目ざしてほぼ真っ直ぐに登るのだから、急な坂が延々とつづいている。

信長軍に焼討ちにあった日、坂本の住人もこの坂を裸足《はだし》で逃げ上がったのだろう。その後ろから弓、鉄砲を持った軍勢が血眼《ちまなこ》になって追いかけて行ったはずである。

こうして息を切らして登っていると、その日の凄まじい光景が目に浮かぶようだった。おそらく信長もこの坂を馬で登っただろうが、山上から聞こえてくる阿鼻叫喚をどんな思いで受け止めたのだろうか。

時折、山の静寂を破って鐘の音が響き渡る。頭上の梢《こずえ》では目白が声高く鳴き交わしている。

それらに耳を傾けながら黙々と歩き、一時間ほどで聖尊院堂に着いた。

ここで道は山の斜面に突き当たり、右に大きく迂回《うかい》して山上へとつづいている。右も左も深い谷で、斜面は険しく切り立っている。

それを見た途端、比叡山が山城の構えを取っていたことを改めて実感した。

聖尊院堂を出丸、その上にある法然堂《ほうねんどう》を三の丸とし、参道を門で閉ざせば、小谷城や観音寺城に勝るとも劣らぬ強固な山城となったはずである。

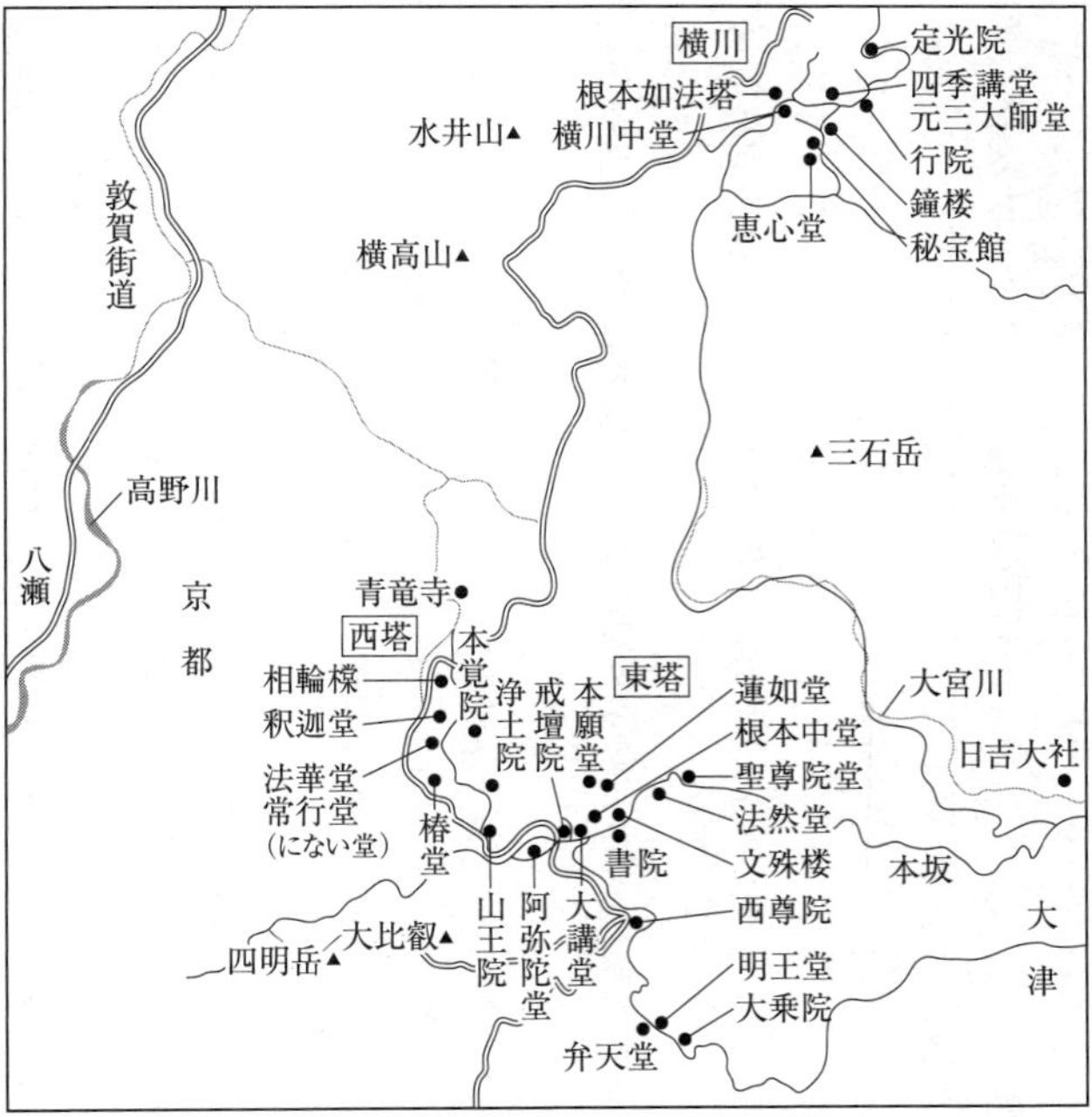
横川
定光院
四季講堂
元三大師堂
根本如法塔
横川中堂
水井山
行院
鐘楼
恵心堂
秘宝館
敦賀街道
横高山
三石岳
高野川
八瀬
京都
青竜寺
西塔
本覚院
相輪橖
釈迦堂
法華堂
常行堂
(にない堂)
椿堂
浄土院
戒壇院
本願堂
東塔
蓮如堂
根本中堂
聖尊院堂
法然堂
文殊楼
書院
大宮川
日吉大社
本坂
西尊院
大津
山王院
阿弥陀堂
大講堂
大比叡
四明岳
明王堂
大乗院
弁天堂

比叡山延暦寺

法然堂のすぐ下で道はT字型に交差し、道の両側は土塁の跡のように高くなっているが、おそらくここに門があったのだろう。

延暦寺は平安時代から多くの僧兵を有し、武力による抗争に巻き込まれることが多かったので、山上を山城と化していたと思われるが、これほど整備されたのは戦国時代になってからだった。

元亀元年（一五七〇）九月、浅井、朝倉軍は信長軍との対決をさけて比叡山に三ヶ月近く立て籠るが、その時に山上を要塞化する工事を急ピッチで進めたのである。

法然堂から二百メートルほど進むと、右手に急な階段があり、その上に文殊楼《もんじゅろう》が建っていた。

これが延暦寺の正門に当たる建物で、文殊楼から見下ろす位置に根本中堂の大屋根がそびえていた。

伝教大師最澄は延暦四年（七八五）比叡山を修行の場と定め、この地に一乗止観院を建立した。これが今日の根本中堂の原型となった。

当時は奈良に都が置かれ、東大寺を中心とした南都仏教が主流を占めていた。

最澄も初めは東大寺で修行し、僧侶になるための国家試験にも合格したが、十九歳の頃にすべてに疑問を持ち、ただ一人で比叡山に入った。

奇しくも同じ年に、桓武《かんむ》天皇は僧侶に対して綱紀粛正を求める勅令を下し、衆僧が法旨にそむいて世俗の巷《ちまた》に出入りしたり愚民をまどわしていると厳しく指弾している。

これから九年後の延暦十三年（七九四）、桓武天皇は平城京から平安京への遷都を断行し、最澄を仏教界の指導者に任じて新しい国作りに邁進《まいしん》するのである。

最澄が新しく開いた天台宗の理想は、大乗《だいじょう》仏教の教えを広めることによって国家の平安と万民の幸福を成し遂げることだった。

そのためには仏教の教えを身につけた菩薩僧《ぼさつそう》の養成が急務で、最澄は自ら『山家学《さんげがく》生式《しょうしき》』と名付けた修学上の制度を考案し、弟子たちに厳しい修行を強いた。

比叡山を歩くと、〈国宝とは何物ぞ、宝とは道心なり、道心あるの人を名づけて国宝となす〉とか、〈一隅を照らす者は、これすなわち国宝なり〉といった文言《もんごん》を目にすることが多いが、これらは『山家学生式』の中に記された言葉なのである。

こうした高い理想と使命感は、最澄が灯《とも》した法灯とともに弟子たちに綿々と受け継がれ、法然や親鸞《しんらん》、日蓮《にちれん》などあまたの人材を輩出する原動力となった。

また比叡山は都の鬼門（東北）に当たることから王城鎮護の山とも呼ばれ、朝廷や国家と不可分の関係を有することになった。

このことが寺の権威を高めることにもなったが、やがては多くの荘園や僧兵を抱え、都の政争に否応《いやおう》なく巻き込まれていく。

比叡山の持っているこうした政治性が、信長に焼討ちを決断させる原因となったと言っても過言ではないのである。

根本中堂に参拝した後、国宝殿を訪ねた。

ここには平安、鎌倉時代から伝わる仏像や画像が安置してある。信長の焼討ちの際にも、僧侶や衆徒たちが命にかえて守り抜いた名品ばかりである。

中にひとつ、お気に入りの仏像がある。坂本の律院に所蔵されていた木造大黒天立《りゅう》像《ぞう》である。

頭巾をかぶって袋を背負い、目や口元に笑みをたたえた福々しい顔立ちをしている。眼差《まなざ》しがまことに優しく、しかも澄みきっていて、ながめているだけで心が浮き立ってくる。

比叡山を訪ねるたびに国宝殿に足を運ぶのは、この円満な姿に会って心をほぐしてもらいたいからである。

午後二時を過ぎた頃から空はにわかに曇りだし、あたりは急に冷え込んできた。境内には数日前の雪が厚く残り、踏み固められた所はアイスバーンと化している。

当初は大比叡ヶ岳（八百四十八メートル）まで登るつもりだったが、無理をしないで無動寺明王堂を訪ねることにした。

比叡山ケーブルの山上駅の横の道を一キロほど下ると、千日回峯行者《せんにちかいほうぎょうじゃ》の根本道場である明王堂があり、二〇〇二年十一月に十万枚の大護摩供養を成し遂げられた上原行《ぎょう》照大阿闍梨《しょうだいあじゃり》が輪番（住職）を務めておられる。

千日回峯行とは一期千日、毎朝午前一時頃寺を出て延暦寺の境内三十キロをめぐる修行である。七百日を終えると、九日間の断食、断水、不眠、不臥《ふが》の行を満じ、九百日目からは京都大廻りと呼ばれる八十四キロの道のりを踏破しなければならない。十万枚の大護摩供養は、その最後の仕上げに当たる荒行なのである。

実は無動寺明王堂には、個人的な御縁をいただいている。二〇〇〇年の大晦日《おおみそか》に明王堂の除夜の鐘をつき、宿坊に一泊して年始めのご加持に参加させていただいた。

天台宗修験道の管領所である赤山禅院《せきざんぜんいん》を訪ね、叡南覚照《えなみかくしょう》大阿闍梨にお目にかかったのもこの時のことである。

以来、明王堂や赤山禅院に立ち寄って教えを乞うことが多くなり、二〇〇二年から京都に仕事場を移すことになった。

今でも深い迷いに落ちた時には御前さまを訪ね、一時間ほど同席させていただいている。

迷いを打ち明けてお知恵を拝借するわけではないが、しばらく側にいるだけで心身が浄化され、新たな気力がわき上がってくる。

千日回峯行を成し遂げた行者の法力とは、それほど偉大なものなのである。

幸い明王堂には行照大阿闍梨がおられ、新年の挨拶をさせていただいた。

前述の十一月に成就された大護摩供養は、七日七夜の間飲まず食わず不眠不臥で十万枚の護摩木を焚《た》きつづける荒行である。

しかもその荒行によって護摩木に記された衆生《しゆじよう》の願いがかなうように祈るのだから、まさに忘己利他、己れを忘れて他を利する行の極致と言うべきである。

十一月九日の満行の日には明王堂に行き、行照師からご加持を受けたが、その時の表情はまことに気高く、荒行の果てに仏と同化されたことがうかがえた。

千二百年前の最澄の志は、今もこうした方々によってしっかりと受け継がれているのである。


親鸞上人の修行の場であった大乗院に参拝してから、ケーブルカーの山上駅に戻った。すでに午後四時を過ぎ、夕暮れの気配が色濃く漂《ただよ》っていたが、幸い空がすっきりと晴れ、夕陽《ゆうひ》に照らされた琵琶湖が朱色に輝いていた。

空気も美しく澄んで、雪をかぶった伊吹山や御嶽山が暮れかけた空にくっきりと浮き上がっている。

水と山とが織りなす雄大なパノラマは、まるで一幅の絵のようである。

比叡山を焼討ちにした日、信長もここから眼下の景色をながめたかもしれない。

（なぜ信長は焼討ちという暴虐を成したのか？）

その理由はいまだにはっきりとは分らない。

一般的には比叡山が信長包囲網に加わり、浅井、朝倉軍が山上に滞陣することを許したことが原因だと言われている。

信長は山上に使者を送って中立を保つように申し入れ、これに従わない場合は全山焼討ちにすると警告した。

比叡山がこれを無視したために焼討ちを決行したというのだが、これは信長に好意的すぎる解釈である。

というのは浅井、朝倉軍の叡山滞陣の後、信長は正親町天皇の勅命と将軍足利義昭の仲介によって、両軍や比叡山と誓紙を交わして和議を結んでいるからだ。

それから九ヶ月後に行なった焼討ちは、勅命にも和議の誓約にも背いた奇襲作戦、もっと悪く言えばだまし討ちだった。

それゆえ坂本の住民や衆徒は抵抗することもできず、〈取る物も取り敢へず、悉く、かちはだしにて〉八王寺山や山上に逃げ上がるしかなかったのである。

（なぜ信長はそこまでして、比叡山を潰さねばならぬと考えたのか？）

それは信長包囲網が完成されることへの恐れがあったからにちがいない。

もし石山本願寺や比叡山延暦寺、浅井、朝倉、そして遠くは西国の毛利、甲州の武田という大包囲網が築かれたなら、いかに信長とてこれを打ち破ることは至難の技である。

それゆえ先制攻撃によって比叡山を滅ぼし、包囲網を事前に分断したのである。

信長軍の圧倒的な強さの秘密が、信長の軍事的な天才によることは言うまでもないが、近年ではポルトガルやイエズス会の強力な支援があったという説を唱える研究者も多い。

第三章でも書いたように、信長が超大型船を建造するに当たってガレオン船の技術を供与されたことはほぼ確実だし、最新式の鉄砲の製造法や土木、建築技術についても指導を受けたと思われる。

それ以上に重要なのは、火薬の潤沢な供給を受けていることだ。

火薬の原料である硝石は当時の日本には産出していないので、すべて輸入に頼っていた。

その輸入ルートの大半をポルトガルやイエズス会が握り、彼らの意に添った大名たちに優先的に売りつけたのである。

戦国大名たちが先を争うようにキリシタンとなった背景には、信仰的な問題ばかりでなく、入信し布教を許さなければ火薬を売ってもらえないという切実な理由もあったのである。

信長が宣教師を手厚く保護したのも、イエズス会の東インド巡察師であるヴァリニャーノを歓待したのも、同様の理由からだと思われる。

今日の世界状勢にたとえるなら、当時のイスパニア（一五八〇年にポルトガルを併合）はアメリカ合衆国に匹敵するほどの超大国であり、日本は第三世界の発展途上国という立場にあった。

アメリカが発展途上国の反政府勢力に資金や武器を供与し、軍事顧問団まで送り込んで政府の転覆を謀った例は枚挙にいとまがないが、ポルトガルがイエズス会を通じて信長への支援を惜しまなかったのも、同様の意図からだと考えられる。

このことに危機感を抱いた守旧派が、同盟を結んで信長包囲網を築き上げた。

このまま信長の手によって天下統一が成し遂げられたなら、朝廷の権威を中心とした日本の国体までが犯されかねないと危惧した者たちが、個々の利害を越えて大同団結したのである。

この戦線を組織したのは将軍義昭だと説かれることが多いが、石山本願寺が反信長の兵を挙げた時には、義昭は信長とともに摂津《せっつ》まで出兵し、常に厳しい監視下に置かれていたのだから、とてもそんな芸当ができたとは思えない。

陰の黒幕は、当時石山本願寺に潜伏していた前関白近衛前久《このえさきひさ》だった。

そのことを告げる本人の消息が、「島津家文書」にある。

日付は石山本願寺が挙兵する一ヶ月前の元亀元年八月十日。宛て先は島津家の当主貴《たか》久《ひさ》である。

〈はやばや帰洛せしむべきの由、再三申し越し候といえども、いったん面目を失い候間、今に至りては覚悟に及ばざる由、申し放し候。しかれば江州《ごうしゅう》南北、越州、四国衆ことごとく一味せしめ候て、近日拙身も出張せしめ候。すなわち本意を遂ぐべく候〉

早く帰洛してくれと再三の申し入れがあったが、いったん面目を失った上は帰洛するつもりはないと断った。この上は江州南北の浅井、六角、越州の朝倉、四国の三好三人衆をことごとく身方にし、近日自分も出陣して本意を遂げるつもりである。

堂々とそう宣言し、一ヶ月後には彼が予言したとおりに事態は推移したのである。

前久は五摂家《ごせっけ》筆頭近衛家の当主で、将軍義輝や義昭とは従兄弟《いとこ》で義兄弟という二重の縁で結ばれていた。

朝廷や幕府ばかりか寺社や諸大名家にも幅広い人脈と影響力を持っているので、室町幕府を支えた支配層を糾合して信長包囲網を築き上げたのである。

比叡山は越前、近江と、摂津、四国を結ぶ要の場所に位置している。

信長がいち早く焼討ちして包囲網の連絡を断ったのは、戦略的な見地から見ればまことに順当な作戦だったのである。

焼討ちの原因としてもうひとつ忘れてはならないのは、比叡山が持っていた精神的な影響力である。

最澄は大乗仏教の力によって国家の平安と万民の幸福をはかろうとした。その教えは今日まで受け継がれ、多くの国民の支持と尊崇《そんすう》を集めている。

信長の時代はなおいっそうこうした傾向は強かったはずで、比叡山は宗教的価値観を基礎として成り立つ中世的秩序のシンボル的な存在だった。

信長は天下布武を標榜《ひょうぼう》してこの秩序に真っ向から挑んだだけに、己れの信じる新しい価値観を天下に認めさせるためには、古いシンボルを叩《たた》き壊さなければならなかったのである。

比叡山を焼討ちにして暴虐の限りを尽くしたのは、家臣たちに自己変革を迫るためでもあった。

それゆえ家臣たちが〈是れは御扶けなされ候へと、声々に申し上げ候と雖も〉、決して許そうとはしなかったのだ。

だが、このことによって、信長は人心を失ったのではないだろうか？

「この世に神仏などはなく、人は死ねば無に帰るだけだ」

信長は常々そう語ったというが、こんな虚無的な思想に耐えられるのは信長のような不世出の天才だけなのである。

もし当時の人々が信長の行為を支持していたとすれば、比叡山の復興はありえなかっただろう。だが現実には本能寺の変の直後から比叡山の再建が始まり、秀吉や家康も手厚い保護を加えている。

比叡山を焼討ちにした代償は、信長にとってあまりに大きかったのである。

第七章　松永久秀覚悟の自爆　〈信貴山城〉

奈良県平群町《へぐりちょう》にある信貴山《しぎさん》は、毘沙門天《びしゃもんてん》を祀《まつ》った信仰の山で、開山は聖徳太子と伝えられている。

敏達《びだつ》天皇十一年（五八二）二月三日、聖徳太子は仏敵となった物部守屋《もののべのもりや》を討伐するために河内《かわち》に向かう途中、この地で毘沙門天を感得して目的を果たすことができた。そこで自ら毘沙門天王像を刻んで守護本尊とし、信ずべき貴ぶべき山という意味で信貴山と名付けたという。

その後山は久しく荒廃していたが、醍醐《だいご》天皇の頃に命蓮《みょうれん》上人がこの地で修行し、数々の奇瑞《きずい》を現して庶民の信仰を集めるようになった。

山頂近くにある寺の名を朝護孫子寺《ちょうごそんしじ》というが、これは命蓮が醍醐天皇の病気を平癒《へいゆ》した功によってたまわったものだ。

この地に築かれた信貴山城が、戦国期の代表的な山城として脚光をあびるのは、松永《まつなが》弾正久秀《だんじょうひさひで》が大和侵攻の拠点としたからである。

久秀には有名なエピソードがある。

永禄十三年（一五七〇）春のことだ。

二年前に上洛を果たし、天下統一への道を歩みはじめた織田信長は、洛中の宿所に徳川家康を招いた。

越前の朝倉義景を討つ戦略を練るためで、重臣や畿内の有力大名も同席していた。

この時、信長は松永久秀をわざわざ御前に呼び出し、次のように紹介した。

〈この久秀は、世人に真似《まね》のできぬことを三つも成した男じゃ。将軍義輝を弑《しい》したるがひとつ。主君の三好長慶を殺《あや》めたるがふたつ。南都の大仏殿を焼いたるがみっつ〉

こうした逸話のせいか、松永弾正といえば陰謀家の代表のように評されがちだが、実像はかなりちがうように思えてならない。

将軍義輝を二条御所で討ち果たしたのは事実だが、長慶を暗殺したというのは風説に過ぎないし、大仏殿が焼失したのも久秀が意図的に放火したわけではないのである。

ではなぜ、彼ばかりが今もなお悪評にさらされているのか？

信貴山城の旧跡をたどりながら、そのことを考えてみたい。


三月六日の早朝、まだ門灯のともる町並を抜けて京都駅へ向かった。

天気は西からくずれつつあるので、雨になる前に取材を終えたいと思ったのである。

近鉄電車に乗り、大和西大寺駅と生駒《いこま》駅で乗り替え、八時半頃平群駅に着いた。

平群という地名は辺郡《へぐに》が転訛《てんか》したもので、奈良の都の周辺にある郡という意味である。

平群谷とも呼ばれているように、竜田川《たつたがわ》ぞいに広がる町の東と西に山の尾根が連なっている。

西の生駒山地を越えれば河内平野に達し、東のなだらかな山地を越えれば斑鳩《いかるが》の里にたどり着く。

まず町の教育委員会を訪ね、信貴山城に関する資料をいただいた。

町から信貴山までは五キロ以上もあり、道も分りにくいというので、山頂近くまでタクシーで行くことにした。

途中、リュックサックを背負った初老の一団を追い越した。信仰と山歩きを兼ねて信貴山を訪ねる途中だという。

その中には近鉄電車に一緒に乗り合わせた人達もいて、若いこちらがタクシーを使っていることがいささか後ろめたかった。

林道の脇にある大谷池で車を下り、地図を頼りに山頂への道をたどった。

登山口には小さなブリキの表示板があり、山頂まで七百メートルと記されている。

道の左右には細くて丈の高い檜が植えられていた。間伐や枝打ちはしてあるものの、切った木はそのまま放置して腐るに任せてある。

昔は間伐材を売ればいくらかの収入になり、山を手入れするための資金となったものだ。ところが今日では安い輸入材が入ってくるために、間伐材を運び出しても元が取れなくなり、山に放置するようになったのである。

専念寺
高安山
信貴生駒
スカイライン
信貴山城跡
近鉄西信貴ケーブル
弁財天滝
信貴山
朝護孫子寺
信貴山のどか村
竹林寺
奈良
産業大学
三郷駅
三室山
堅上出張所
大和川
JR大和路線
25
0
0.5
1km
N

信貴山城周辺図

ジグザグにつづく粘土質の坂道を黙々と歩いた。右も左も山林である。どこが曲輪でどこが本丸だろうといぶかっていると、いきなり信貴山の山頂に出た。

しかもそこには寺が建ち、参道には朱色の鳥居がびっしりと並んでいた。

信貴山城の跡に空鉢護法《くうはつごほう》が祀られているとは聞いていたが、まさか本丸跡が御堂や石塔でおおいつくされているとは思いも寄らないことだった。

信貴山は標高四百三十七メートル。

城はこの山頂（雄嶽《おだけ》）を本丸とし、北側に放射状に伸びる尾根に曲輪を築いて城域としていた。

その規模は東西五百五十メートル、南北七百メートルという広大なものだ。最南端には雌嶽《めだけ》と呼ばれる独立した山があり、ここが出丸の役割を果たしていた。

この規模の大きさは、五大山岳城に数えられる七尾城や観音寺城に勝るとも劣らぬものだが、残念なことに城域の整備はまったくなされていない。

松永久秀の不人気が、こうした点にも影響を及ぼしているのだろう。

本丸にある空鉢堂からのながめは素晴らしかった。

眼下に大和平野が広がり、はるか南に二上山《にじょうさん》や葛城山《かつらぎさん》、金剛山《こんごうさん》が折り重なってそびえている。

生駒山地と金剛山地が途切れた所が古くから大和と河内を結ぶ交通路で、今も高速道路や鉄道が通っている。信貴山はこの交通路を扼する要地だけに、天智天皇の頃から城が築かれ、大和防衛の拠点とされていた。

信貴山の空鉢堂の由来は、『信貴山縁起絵巻』に描かれている。

この地で修行した命蓮上人は、時々空の鉢を長者のもとに飛ばしてお布施《ふせ》を求めていた。

ところがある時、この長者は鉢を倉の中に置いたまま扉の鍵を閉めてしまった。

すると倉は次第に揺れ始め、やがて宙に浮き上がって信貴山まで飛んでいった。

長者はこれを追いかけて山頂まで登り、倉を返してくれるように上人に頼んだ。だが上人は倉はここで使うので、中の米俵だけ返そうと答えた。

長者が千石もの米をどうやって運ぶのかと案じていると、上人は例の鉢に一俵を乗せて空に飛ばした。

すると他の米俵はそれを追い、まるで雁《かり》が列を成すようにして長者の家まで戻っていった。

空鉢という名はそこから付けられたものだという。

眼下に広がる大和平野から倉が飛んできたり、米俵が列を成して帰っていく様子を想像すると、なんとなく気持がなごやかになる。

あるいはこの伝説は、平野で暮らすことのできなかった山の民の願望を現しているのかもしれない。

松永久秀が信貴山城に入ったのは、永禄二年（一五五九）八月のことである。この年の二月、信長は初めて上洛して将軍義輝と対面しているが、当時の義輝の立場は脆弱《ぜいじやく》なものだった。

阿波《あわ》や淡路《あわじ》を拠点として瀬戸内海水運を押さえた三好長慶が、強大な富と力によって畿内のほぼ全域を支配下におさめていたからだ。

久秀は長慶の右筆《ゆうひつ》から身を起こした官僚肌の男だが、次第に頭角をあらわし、大和を攻め取るための総大将に任じられた。

時に久秀五十歳。

この年から六十八歳で爆死するまでの十八年間、大和の支配と生き残りをかけた悪戦苦闘がつづくのである。

河内から大和へ入った久秀は、まず信貴山城を整備して侵攻の足がかりとした。

翌年七月には三好家の強大な軍事力を背景にして大和平定に乗り出し、十一月には大和一国の支配を長慶から任されている。

奈良市の郊外に多聞《たもんじよう》城を築き、政務をとるための拠点としたのもこの年のことである。

久秀がこれほど短い間に一国を平定できたのは、大和に中心となるべき戦国大名が育っていなかったからだ。

大和は興福寺《こうふくじ》が守護大名と同等の権限を持ち、地侍を代官に任じて支配を任せていた。その中から筒井《つつい》氏や越智《おち》氏のような有力な被官人も現れてくるが、地侍たちの独立心が強いために家臣団に組み込むまでには至っていなかった。

そのために一致して久秀軍に対抗することができず、形勢不利とみると少しでも有利な条件で和睦しようと先を争って降伏したのである。

久秀の強さのもうひとつの秘密は、いち早く鉄砲を用いたことだ。

このことはあまり記録に残されていないが、久秀が銃撃戦に備えて多聞城に屋根付きの櫓を築いたことが、鉄砲の使用を雄弁に物語っている。

こうした形の櫓は多聞櫓と名付けられ、それ以後多くの城で用いられるようになった。

前章で、信長は火薬を手に入れるために宣教師を手厚く保護したと記したが、おそらく久秀は大和に侵攻する以前に同様のことをしていたと思われる。

三好家は堺を拠点として、瀬戸内海の交易ばかりか宣教師との貿易も行なっていたので、久秀も宣教師と接触して鉄砲や火薬を入手する機会があったはずである。

そのことはポルトガル人宣教師ルイス・アルメイダが多聞城の美しさを絶賛していることや、ルイス・フロイスが『日本史』の中で久秀を高く評価していることからもうかがえる。

久秀の大和支配は順調に進んだが、永禄七年（一五六四）になって思わぬ転機を迎えた。三好長慶が四十三歳という若さで急逝《きゅうせい》したからである。

その死があまりに急だったために、久秀が毒殺したという噂《うわさ》が立ったのだが、久秀にとって長慶を殺すメリットはまったくない。

もし毒殺が事実であるなら、疑われるべきは将軍義輝であろう。陪臣である長慶の力に圧倒されていた義輝が、毒殺という非常の手段を用いることは充分に考えられるからだ。

久秀と三好三人衆が翌年の五月に二条御所を襲って義輝を討ったのは、あるいは主君の仇《あだ》を報じるためだったのかもしれない。

この年から、久秀の運命は暗転する。

八月には右腕と頼んでいた弟の長頼《ながより》が丹波《たんば》の黒井城攻めのさなかに戦死し、十一月には長慶死後の主導権をめぐる三好三人衆との対立が決定的となった。

三人衆は長慶の後継者となった三好義継《よしつぐ》を飯盛山城《いいもりやまじょう》（四条畷市《しじょうなわて》）から奪い去り、後に十四代将軍となる義栄から久秀討伐の御教書を得た。

このために久秀は、三好三人衆ばかりか彼らと通じた大和の地侍たちからも攻められる窮地におちいった。

こうした戦いの中で地侍たちの頭領として台頭するのが、洞ヶ峠《ほらがとうげ》で有名な筒井順慶《じゅんけい》なのである。

永禄十年（一五六七）十月十日、久秀は東大寺に陣取った三人衆の軍勢に奇襲をかけた。

大仏殿が焼失したのはこの時のことで、これも久秀の三大悪のひとつに数えられているが、今日では三好勢の失火だという説が有力である。

翌年六月、三人衆の猛攻によって信貴山城はついに落城した。

久秀は城を逃れて潜伏せざるを得なくなったが、思いがけない救世主が現れた。

この年九月、信長が足利義昭を奉じて上洛し、義栄を擁した三好三人衆を畿内から追い払ったのである。

久秀はいち早く信長に通じ、九十九茄子《つくもなす》の茶器を献上して大和一国の支配を認められた。

この時から滅亡までの九年間、久秀は信長との壮絶な駆け引きをくり返すことになるのである。

帰りは曲輪の跡を確認していくことにした。

ところが檜が狭い間隔で植えられ、間伐した木が放置してあるので、中に分け入っていくのは容易ではなかった。

山育ちの特技を生かして奥へ進んでいくものの、あたりは山林と化していて曲輪や土塁、堀切の跡がかろうじて残っているだけだった。

しかし曲輪の段差は確認できたし、松永屋敷と呼ばれる曲輪の両側に腰曲輪を配してあることもはっきりと見て取れた。

また雑木林の中でひっそりと水をたたえている女郎池を写真におさめることにも成功した。

池の名の由来は定かではないが、これが谷の水を堤でせき止めて作った水堀であることは間違いあるまい。それが土砂にも埋まらず今でも水をたたえていることが、当時の築城技術の水準の高さを今に伝えているのである。

城域の散策を終えて寺へと回った。

信貴山雌嶽のふもとに、毘沙門天をまつる本堂や多宝塔、千手院や成福院《じょうふくいん》などの宿坊が所狭しと建ち並んでいる。

聖徳太子が毘沙門天を感得したのが、寅年《とらどし》、寅日、寅の刻《こく》だというので、境内には大きな虎の人形が置いてあった。

本堂脇の霊宝館を訪ねると、菊水の紋を描いた楠木《くすのき》正成《まさしげ》の旌旗《せいき》が展示してあった。

元弘《げんこう》元年（一三三一）九月十日、正成はこの地に参拝して後醍醐《ごだいご》天皇方として挙兵す

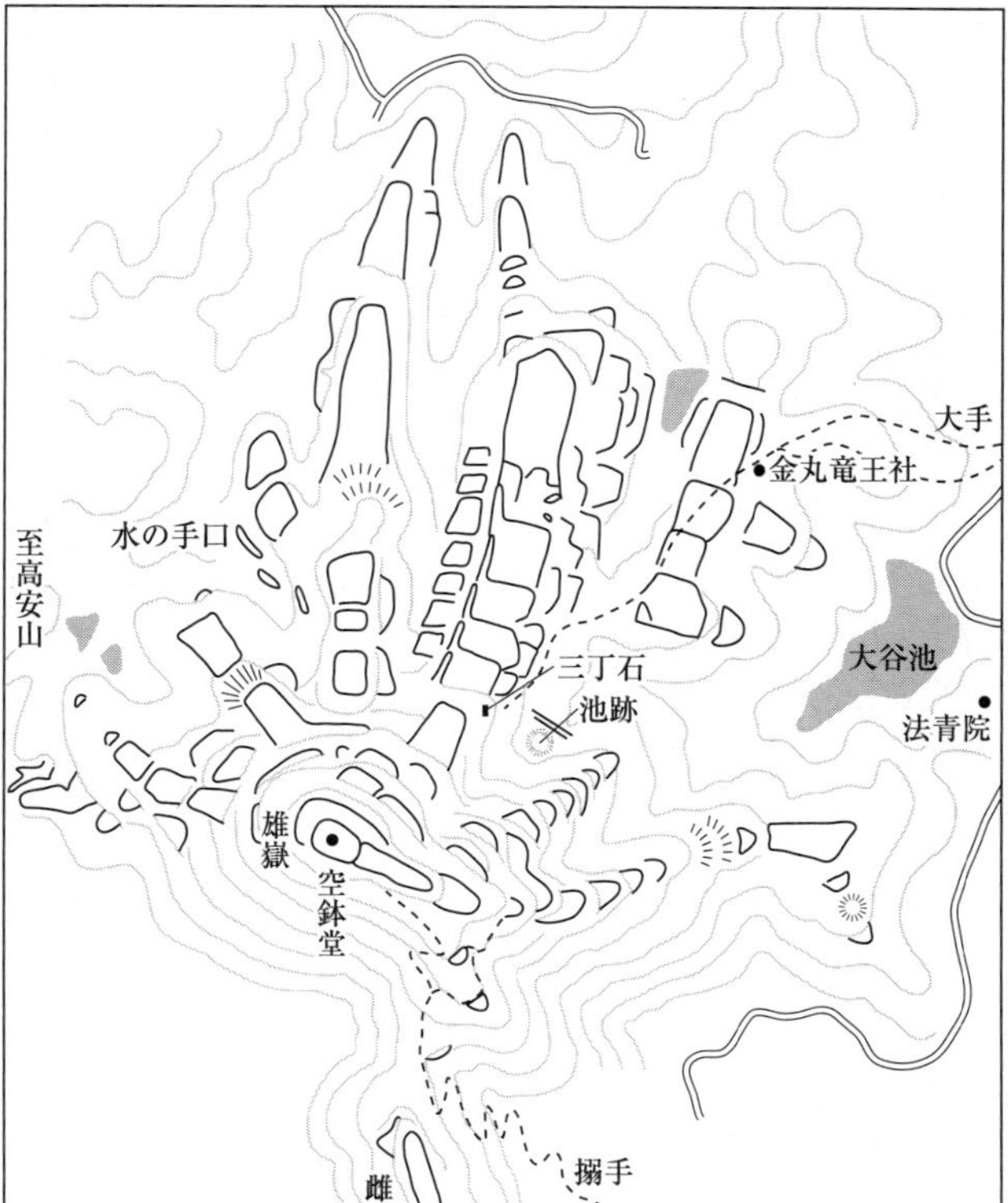

信貴山城

る決意を固めた。

旌旗はその時に奉納したもので、正成自筆の花押《かおう》が記されている。

正成が挙兵したのは金剛山だが、尾根の道を通じて信貴山とは密接な連携を保っていた。大塔宮護良親王《だいとうのみやもりなが》も、一時この山に身を寄せていたほどである。

館内には松永久秀の自筆書状もあった。

簡潔で事務的な文章で、ひどく急いだような崩し字を用いている。出陣先から信貴山城に送ったもので、よほどあわただしいさなかに書いたのだろう。

大門池《だいもんいけ》にかかる開運橋を渡ると、食堂やみやげもの屋が並んでいた。

時刻は午後二時半。

無事に取材を終えてほっとした途端に、猛烈に腹が減ってきた。

ここはひとつ贅沢《ぜいたく》をしようと、和風の山菜料理屋に入った。するとここで食事をすれば、近くの信貴山観光ホテルの温泉に割安で入れるという。

こいつはしめたと山菜料理を満喫し、七年前に掘り当てたという温泉に入った。

ちょうど信貴山の雌嶽が目の前にそびえている。

ついに降り出した雨の中で露天風呂にひたりながら、自分が戦国武将だったらこの城をどうやって攻略するだろうかと考えていた。

永禄十一年（一五六八）に信長に大和一国を安堵《あんど》されたものの、松永久秀の平穏な日は長くはつづかなかった。

三年後の元亀二年（一五七一）五月、久秀は武田信玄と通じて信長包囲網に加わったのである。

包囲網にはすでに石山本願寺や一向一揆、浅井、朝倉、毛利などが加わっている。これに信玄が加われば勝利は疑いなしと見て、一世一代の賭けに出たのだった。

翌年十二月、武田軍は三方ヶ原の戦いで織田、徳川の連合軍を撃破し、この賭けは功を奏したかに見えた。

ところが翌天正元年（一五七三）四月に信玄が病死し、七月には信長包囲網の要と目されていた足利義昭が追放され、足利幕府は滅亡した。

この形勢を見た久秀は、十二月に多聞城を明け渡して信長に降伏した。

信長がすんなりとこれを許したのは、あるいはかつて久秀と親交のあった宣教師が助命の口添えをしたからかもしれない。

それから四年後の天正五年（一五七七）八月、久秀は再び信長に謀反を企てた。

石山本願寺攻めのさなかに戦線を離脱し、信貴山城に立て籠ったのである。

これは上杉謙信の上洛に呼応したものだといらが、おそらく勝算あってのことではあるまい。本願寺攻めの陣中で余程腹に据えかねることがあったか、信長の人使いの荒さに耐えきれなくなって自暴自棄な行動に出たのだろう。

すでに六十八歳になる。どうせなら愛着のある城を枕に討死にしたいと思ったのかもしれない。

信長は使者をつかわし、平蜘蛛《ひらぐも》の茶釜を差し出すなら罪を許すと申し入れたが、久秀はこれを拒否した。

十月十日、久秀は織田の大軍に攻められ、平蜘蛛の茶釜を首から下げて自爆したという。

ちょうど東大寺の大仏殿を焼失させてから十年目のことで、巷では仏罰が下ったと噂されたというが、むしろこの日に死を選んだのは久秀のほうだったのかもしれない。

私は以前『神々に告ぐ』（角川文庫）という小説で、主人公の近衛前久の敵役として松永久秀を描いたことがある。

朝廷と幕府が結びついた足利幕府体制を実力で突き破ろうとした久秀こそが、信長の先駆者だという視点に立ったものだ。

その思いは今回の取材でますます強くなった。

堺での南蛮貿易や宣教師たちとの交流、いち早く鉄砲を用いた戦術を採用したこと、卓越した築城術など、後に信長が手本としたと思えるようなことが多い。

ではなぜ久秀は、これほどの悪評にさらされてきたのか？

それは久秀が大和に対しては侵略者であり、仏教界にとっては異端者であったからではないだろうか。

自身の本貫地となる所領を持たなかったために誰からも庇《かば》ってもらえなかったし、庇うに足るだけの史料も残せなかった。

そのためにすべての悪を一身に背負わせる格好の人物として、歴史の生贄《いけにえ》にされたように思えてならない。

現在、城の南東にある三郷町《さんごうちょう》に久秀の供養塔があり、地元の人たちに大切に守られている。

第八章　雑賀鉄砲衆の拠点　〈弥勒寺山城〉

山城の破壊者、織田信長の戦いの跡をたどってきた本稿では、信長と水運や海運の関係を重視しながら論を進めてきた。

理由は二つある。

ひとつは信長が伊勢湾海運と木曽川水運の結節点である津島港を拠点として財力をたくわえた海民型の大名であること。

もうひとつは信長の時代は、日本がはじめて西洋世界と出会った南蛮貿易の時代であったことである。

中でも鉄砲の伝来は決定的に重要で、信長の天下統一事業があれほど迅速に進んだのは鉄砲のお陰だと言っても過言ではない。

その鉄砲に不可欠の火薬は、ほとんどすべて海外からの輸入に頼っていたのだから、そのルートをどうやって確保するかは戦国大名にとって死活に関わる問題だった。

この当時、畿内への物資搬入の拠点となっていた港が四つあった。

尾張の津島、和泉《いずみ》の堺、越前の三国、そして紀州の雑賀（和歌山市）である。

信長は永禄十一年（一五六八）に足利義昭を奉じて上洛すると、その恩賞として堺の支配権を確保し、天正元年（一五七三）に朝倉氏を亡ぼして三国湊を手に入れた。

そして最後に残ったのが雑賀だったのである。

この四つの港は、いずれも一向一揆と関係が深い土地だった。水運や海運に従事していた「海民」と呼ばれる人々は、土地という「有主」の場を持たないために農業民からは差別的な扱いを受けていた。

それゆえ彼らは仏の前の平等を説く一向宗の教えに共感し、石山本願寺を中心とした一向一揆に加わることで安心立命《あんじんりゆうめい》をはかった。

また天皇家の供御人になることで身分の保証を得てきた彼らが、門跡《もんぜき》寺院である本願寺を新たな拠り所としたという事情もあった。

元亀元年（一五七〇）、本願寺の門主顕如《けんによ》が反信長の兵を挙げるように法命を下すと、四つの港の一向一揆はいっせいに蜂起した。

海民型の大名である信長にとって、これは足許をすくわれかねない一大事だった。

信長が天正二年（一五七四）に伊勢長島、翌年には越前の一向一揆をなで斬りにしたのは、このままでは自己の存立がおびやかされるという危機感があったからにちがいない。

また、なで斬りという強硬な手段を用いることで、他の海民が一向一揆に同調することを防ごうとしたのだろう。

信長のこうした戦術によって一向一揆は壊滅的な打撃を受け、石山本願寺が頼りとするのは雑賀の一向一揆ばかりとなった。

そこで信長は、天正五年（一五七七）に十万人近くの兵を動かして雑賀攻めにかかったのである。

雑賀といえば鉄砲衆の名で知られている。

元亀元年九月に石山本願寺が反信長の兵を挙げた時、雑賀衆は根来、湯川の者たちとともに信長軍に銃撃戦を挑んだ。

『信長公記』によれば軍勢の数は二万、鉄砲三千挺を備え、〈御敵身方の鉄炮《てつぽう》、誠に日夜天地も響くばかりに候〉という状態だったという。

石山合戦のさなか、本願寺は雑賀衆に対して鉄砲五百、時には千挺を持って参陣せよと求めている。

雑賀衆はなぜこれほどの鉄砲を持ち、火薬を自給することができたのか。

その答えを求めて和歌山へと向かった。

今回のスタートは東京の自宅からだった。

四月四日、満開の桜を見ながら羽田空港へ行き、午前六時四十五分発の飛行機に乗った。これだと関西空港に八時五分に着く。

空港からリムジンバスに乗り、ＪＲ和歌山駅に下り立ったのは九時十五分だった。

紀三井寺《きみいでら》や和歌山城の桜を楽しみにしていたが、あいにく小雨が降りだしている。またしても雨に追われる取材かと悔やみながら、秋葉山公園に向かった。

秋葉山は国道四十二号線と、市内の中心部を流れる和歌川にはさまれた小高い丘である。

かつてはこの地に弥勒寺《みろくじ》があり、一時は本願寺の布教の中心地となった。この山を弥勒寺山と呼ぶのはそのためである。

本願寺の顕如上人もこの御坊に滞在したことがあり、山の頂きにはそのことを示す記念碑が建てられている。

天正五年の信長の紀州攻めの際には、雑賀衆はこの山に立て籠って戦ったのである。

ふもとからなだらかな坂を百五十メートルほど登ると、山の周囲にめぐらした散歩道に出た。

そこから五メートルほど高くなった所に広々とした平坦地があり、今は公園となっている。

山の斜面の一角に地元で産出する緑泥片岩が積まれた古い石垣があったが、あるいはこれが城があった頃の遺構かもしれない。

折しも桜は満開で、標高七十メートルほどの山の上からは和歌浦湾を望むことができた。

なんとものどかな景色で、今から四百三十年ほど前にこの地で血みどろの合戦が行なわれたとは信じられないほどだった。

『信長公記』によれば、信長が雑賀攻めに出発したのは天正五年二月十三日のことだという。

雑賀衆の中の三搦《みからみ》の者と根来寺《ねごろじ》杉ノ坊の者が身方をすると報じてきたので、この機に乗じて雑賀攻めを強行することにしたのである。

この当時の雑賀は、五搦と呼ばれる郷村に分れていた。十ヶ郷《じつかのごう》、雑賀、社家郷《しやけのごう》、中郷《なかつごう》、南郷の五つである。

このうち十ヶ郷と雑賀が海に面していて、海民や一向一揆の勢力が強かった。

他の三つは和歌川よりも東にある農業地帯で、宗教的にも根来寺の影響を強く受けていた。

そのために両者は対立することが多かったが、三搦の者たちは信長の調略に応じて十ヶ郷、雑賀と戦うことにしたのである。

十万といわれる大軍を動員した信長は、天王寺、堺を通って熊野街道を南下し、二月二十二日に志立《しだち》（泉南《せんなん》市信達《しんだち》）に着陣した。

ここで軍勢を浜手と山手に分けて紀州に攻め入ることにした。

滝川一益《たきがわかずます》、明智光秀らが率いる浜手の軍勢三万は孝子峠《きようしとうげ》を越えて十ヶ郷に侵攻し、羽

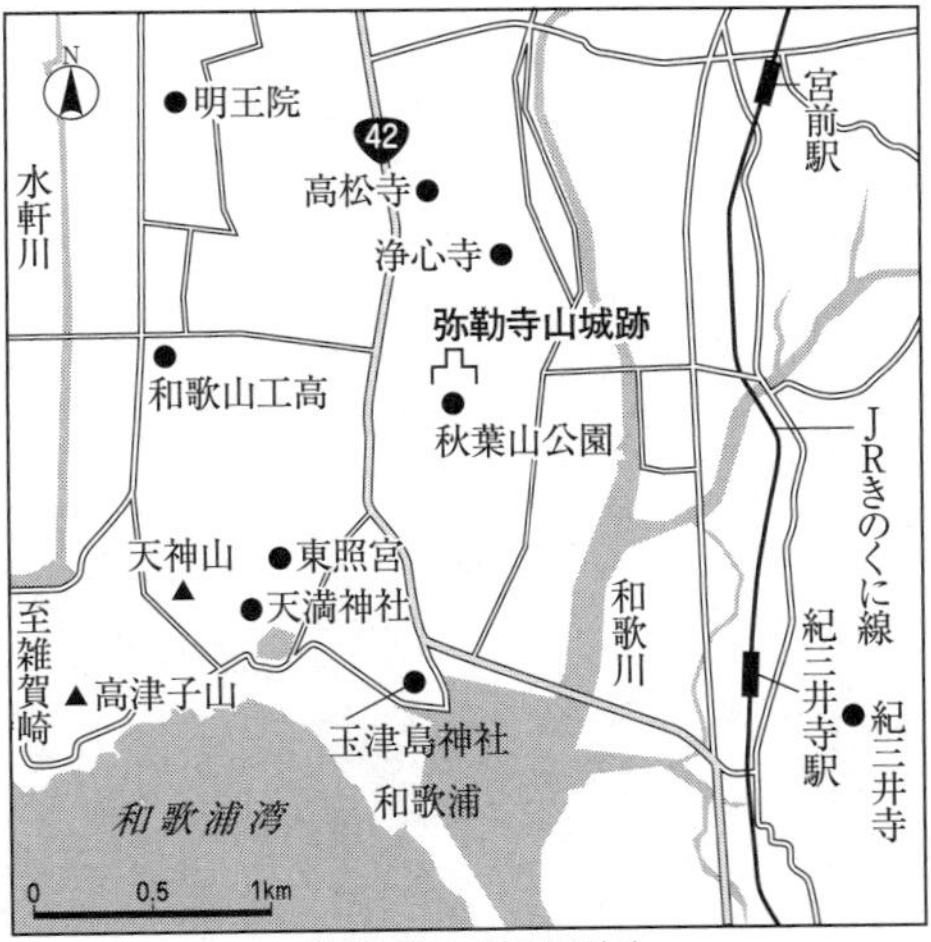

弥勒寺山城周辺図

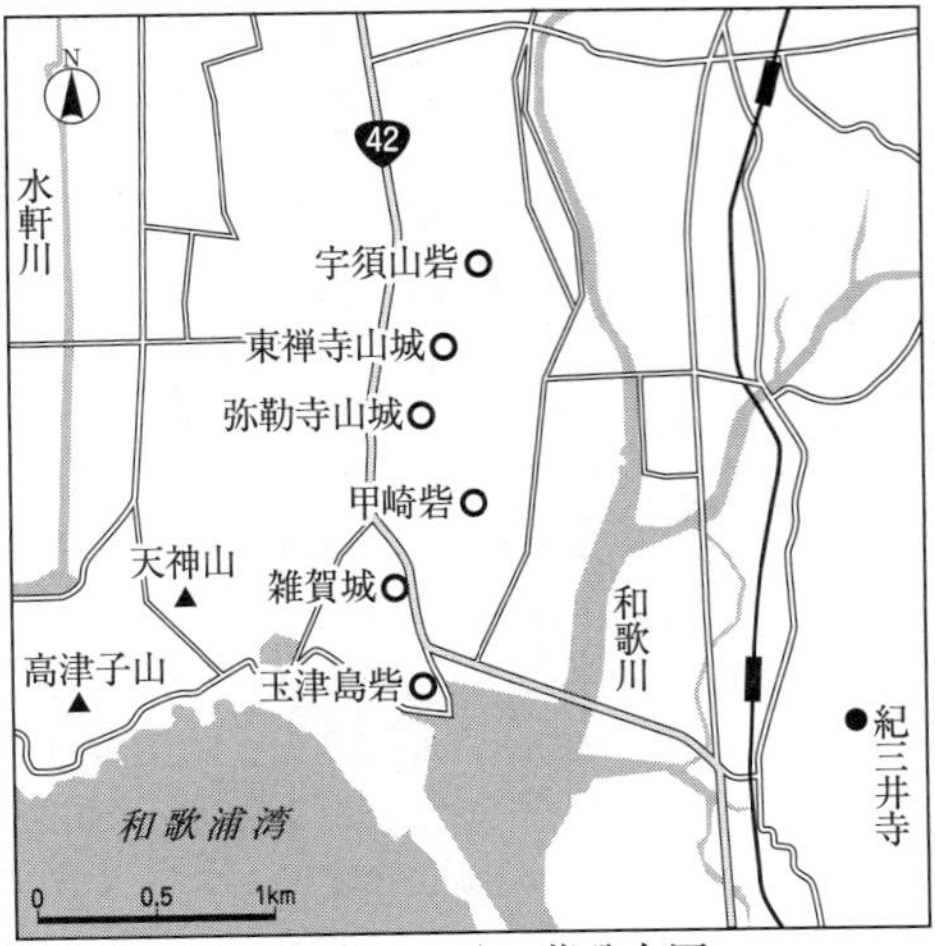

雑賀衆の山城・砦分布図

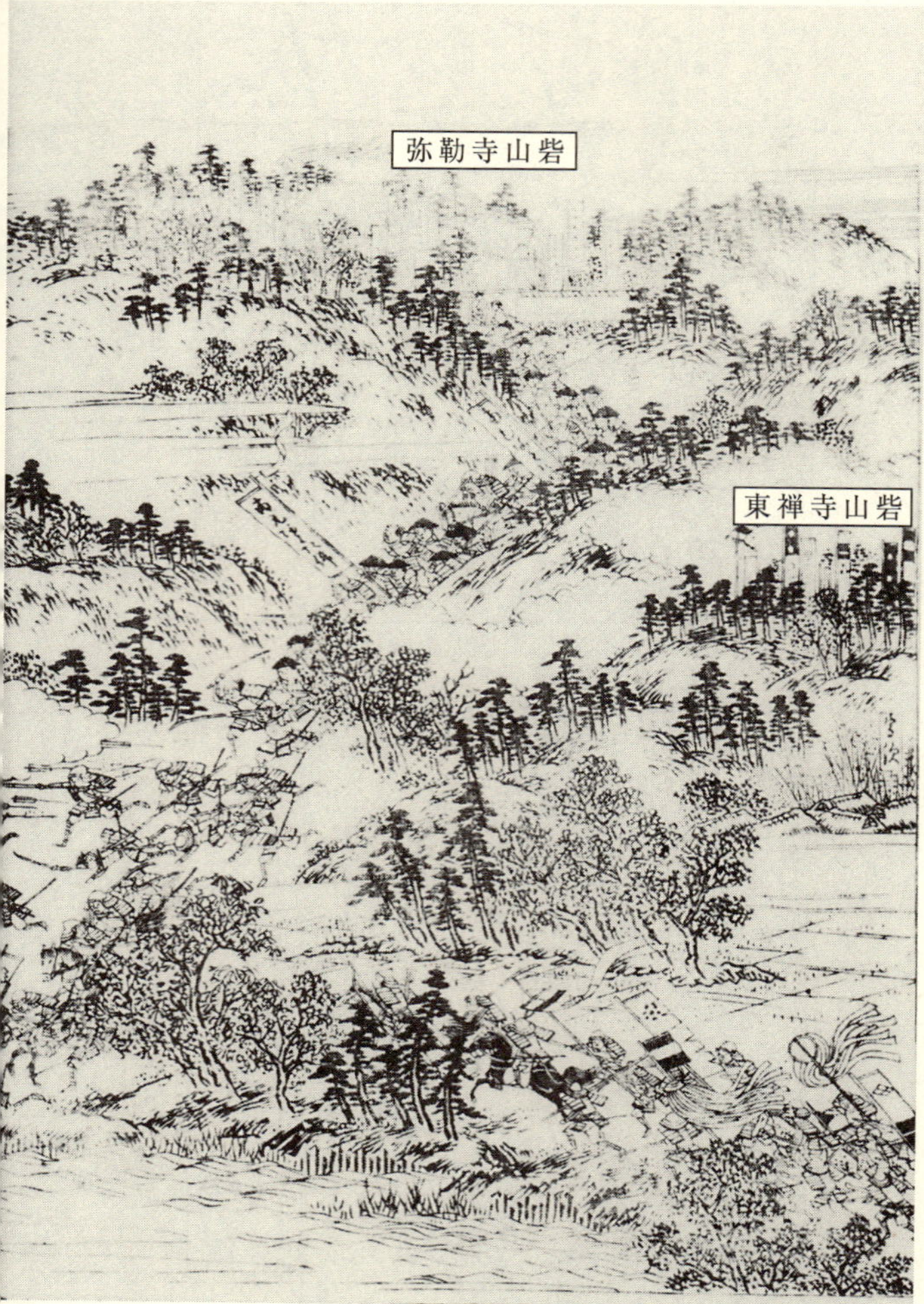
弥勒寺山砦
東禅寺山砦

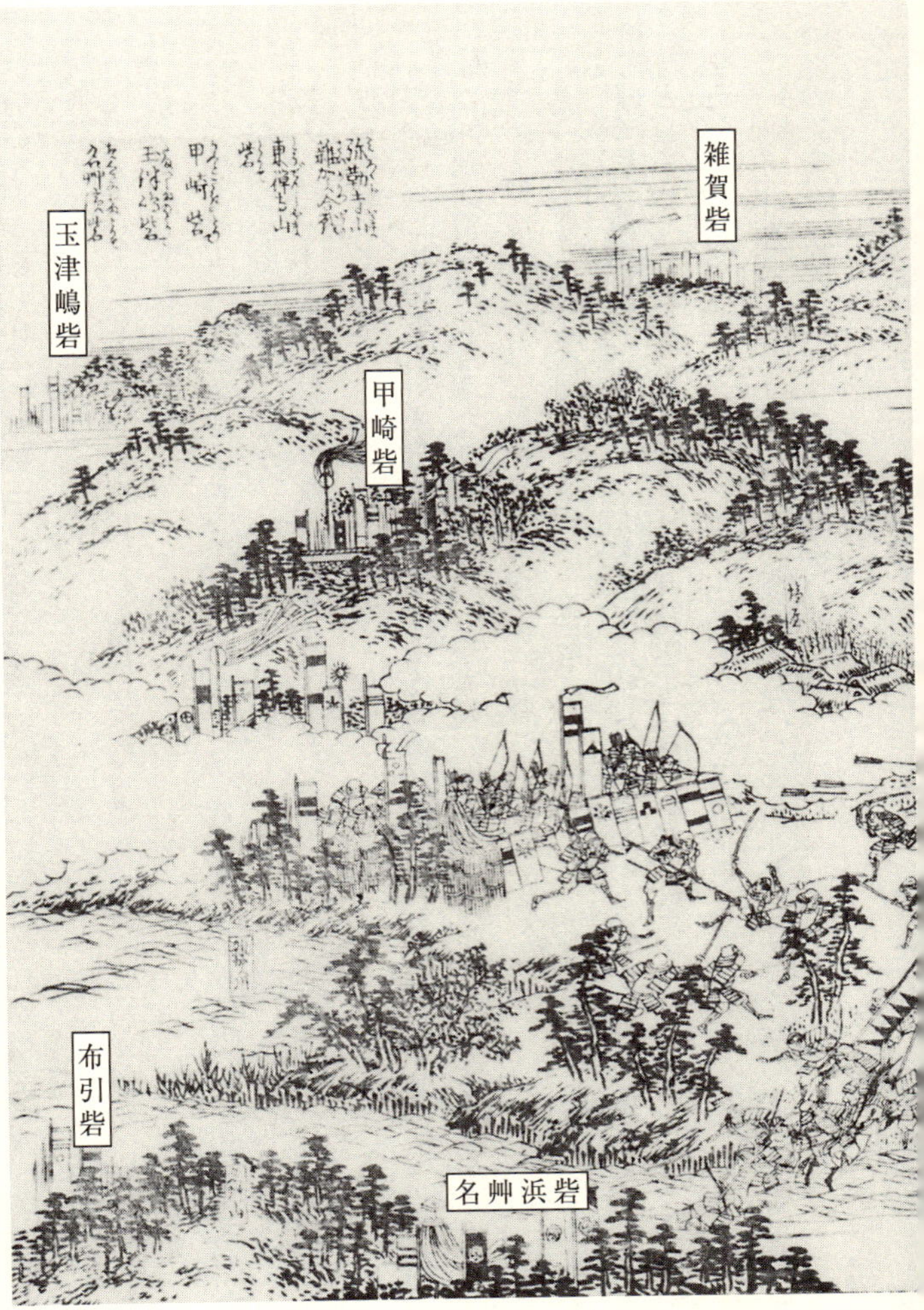

雑賀合戦
（「紀伊国名所図会」和歌山市立博物館蔵。『定本 和歌山県の城』郷土出版社）

柴秀吉や堀秀政ら山手の軍勢三万は雑賀三搦の者たちに案内されて和歌川の東岸に陣を敷いた。

これにたいして雑賀の一揆衆は、和歌川西岸の東禅寺山城や弥勒寺山城、雑賀城などに立て籠って防戦した。

この中で最も大きいのが弥勒寺山城なのだから、他の城の規模は推して知るべしだが、一揆衆にとって有利なことがひとつだけあった。

当時の紀ノ川は今のように西に直進するのではなく、和歌川や水軒川《すいけんがわ》に分流して南に向かって流れていた。

二つの川は川幅も広く水量も豊かで、雑賀郷の東西を守る自然の要害となっていた。また和歌浦湾も今よりかなり北まで湾入し、城の南側からの敵の侵攻をはばんでいた。

そのお陰で一揆勢は、織田勢と互角に渡り合うことができた。

その様子を『信長公記』は次のように伝えている。

〈御敵、小雑賀川（和歌川）を前にあて、川岸に外柵をつけ、相拘《あいかか》へ、堀久太郎人数、噇《どっ》と打ち入り、向ふの川岸まで乗り渡し候ところ、岸高く候て、馬もあがらず。爰《ここ》を肝要と、鉄炮を以《もっ》て相拘へ候間、堀久太郎、能《よ》き武者数輩討たせ、引き退く〉

一揆衆は川岸に外柵を結い回し、堀久太郎秀政らの軍勢に鉄砲を撃ちかけて追い払ったのである。

また三月一日には浜手の軍勢が、〈鈴木孫一が居城取り詰め、竹たばを以て攻め寄り、城楼《せいろう》を上げ、日夜、あら〳〵と攻め〉たが、落城させることはできなかった。

鈴木孫一は史上に有名な雑賀孫一のことである。

この時攻められた居城がどこであるかについては諸説があるが、弥勒寺山城とする『和歌山市史』の指摘が妥当とされている。

だとすればわずか七十メートルばかりの山城を東西から攻められながらも一揆衆は屈しなかったわけで、その勇猛な戦ぶりがうかがえる。

これにはさすがの信長も手を焼いたのか、鈴木孫一や土橋平次《つちばしへいじ》ら一揆衆の頭目七人が連署して降伏を申し入れると、誰一人切腹させることなくこれを許し、早々に都に引き上げたのである。

だが、この後も一揆衆は本願寺への加担をやめなかった。

天正六年（一五七八）七月に九鬼《くき》水軍の大型鉄船が紀伊水道を北上して大坂へ向かった時、一揆衆は泉州の門徒とともに船を出して攻撃を仕掛けているし、別所長治《ながはる》が三木城に立て籠って信長と戦った時も、援軍として播磨《はりま》まで出陣しているのである。

秋葉山のふもとには、波の侵食によって削られたとおぼしき岩があった。

このあたりの関戸《せきど》という地名は、波を防ぐための関があったことに由来しているというから、織田軍に攻められた頃にもこのあたりまで海が湾入していたのかもしれない。

そんなことを考えながら海に向かって歩いていると、道のかたわらに和歌公園の入口があった。

美しく整備された遊歩道が、山に向かって伸びている。ここを登れば天神山や高津子《たかづし》山《やま》（章魚頭姿山《たこずしやま》）に達するのである。

雨は本降りになりそうだが、コートのフードをかぶって登ってみることにした。

登らずにはいられない気持になったのは、海の民であり海賊衆でもあった雑賀孫一の居城としては、弥勒寺山城や雑賀城より和歌浦湾に面した高津子山のほうがはるかに似つかわしいと思ったからである。

なだらかな道をしばらく歩くと、天神山の山頂へとつづく石段がある。石段を過ぎると平坦な尾根の道が伸びていた。

道の両側には、海からの強風にさらされて複雑にねじ曲がった木が密生していた。

尾根の両側は険しい斜面になっていて、山城の連絡通路としてはいかにも使い勝手が良さそうである。

と、突然目の前を小さな獣が横切り、木から木へと飛び移りながら去っていった。

ふさふさとした大きな尻尾を持つ野生のリスである。

山頂を過ぎると道は下り坂になり、正面に山桜におおわれた高津子山が見えた。

見上げるほどに高いので道は険しそうだが、幸い遊歩道が整備されている。雨に追われて駆けるようにしながらひたすら登っていくと、桜におおわれた公園が急に姿を現した。

ここが高津子山の山頂部で、西の頂きには展望台が建てられている。そこからなだらかな尾根が東側につづき、もうひとつの頂きへとつながっていた。

（ここだ）

直感的にそう思った。

西を本丸、東を二の丸とすれば、強固な山城ができたはずである。

しかも西側は雑賀崎へとつづく尾根、北側は当時紀ノ川の河口となっていて、南側は和歌浦湾が迫っている。

紀ノ川の水上交通を扼するにも、瀬戸内海や太平洋へ乗り出していくにも絶好の地であり、数千人の籠城にも充分に耐えられる城域の広さを持っている。

山頂から少し下がった所に石窟があり、小さな地蔵が祀ってあったが、おそらくここから清水が湧き出していたのだろう。

私が雑賀孫一なら、絶対にこの山に城を築く。

そう確信したが、残念ながらどの史料にもここに城があったという記録はない。

前述したように孫一の居城は弥勒寺山城か雑賀城、あるいは紀ノ川の北にある平井城と考えられているのである。

しかし待てよ、と言いたい。

戦国時代に敵から攻められた場合、領民は詰めの城である山城に家財を持って逃げ込むのが通例である。

そうしなければ財産ばかりか女子供まで略奪され、人身売買の対象とされたからだ。まして信長は伊勢長島でも越前でも、一向一揆に属した者は老若男女を問わず皆殺しにしている。

それゆえ雑賀の一揆衆は、全住民を詰めの城に避難させてから決戦にのぞんだはずだ。当時の十ヶ郷と雑賀の人口がどれほどだったか定かではないが、仮に三千人の兵を動員できたとすれば、少なくとも一万人はいたはずである。

これだけの人数が、弥勒寺山城や雑賀城に一ヶ月もの間籠城できたとは思えない。主要な戦闘はこうした城で行なわれたとしても、詰めの城は高津子山に築いていたと考えるのが自然ではないだろうか。

それに弥勒寺山城に食糧や弾薬を補給するためにも、海への通路である高津子山を確保しておく必要があったと思えるのである。

この山にこれほど肩入れするのは、山の構えや立地が山城に適しているからばかりではない。山頂からのながめが、息を呑《の》むほどに素晴らしいからである。

眼下に和歌浦や田野浦の漁港があり、西にも南にも太平洋が広々と広がっている。この雄大な景色をながめていると、海の民であった雑賀の一揆衆がこの地を聖なる場所とあがめ、最後の砦としたのは当然のことのように思えてくるのである。

ずぶ濡《ぬ》れになって山を下り、「コート・ダジュール」という名の風情のある喫茶店で昼食をとった。

コートと上着を乾かしてから雑賀崎まで行き、教如《きようによ》上人ゆかりの上人窟を見ようとしたが、岩が崩れ落ちる危険があるので立ち入り禁止となっていた。

顕如の子である教如がこの地に逃れてきたのは、天正八年（一五八〇）八月に石山本願寺を明け渡して以後のことである。

天正八年閏《うるう》三月に勅命によって信長と本願寺の和議が整うと、顕如は鷺森《さぎのもり》（和歌山市）の御坊に移り、和議に反対して本願寺に残っていた教如も同年八月には雑賀衆の船で寺から脱出した。

だが顕如と激しく対立していたために鷺森の御坊に入ることができず、しばらくは行く当てもなく各地を転々とした。

雑賀崎の上人窟にかくまわれていたのは、そうした時期のことだという。

一揆衆が教如をこの地にかくまったことが、彼らにとって雑賀崎がいかに重要な場所であるかを示しているのである。

さて、鉄砲と火薬のことである。

近畿地方の大半が信長の支配下に組み込まれた天正五年の段階になっても、なぜ雑賀の一揆衆がこれほど大量の鉄砲を持ち、火薬を潤沢に入手することができたのか。

その謎を探るべく和歌山市立博物館を訪ねた。

学芸員の太田宏一氏が、この方面の研究に従事しておられるとうかがったからである。急に訪ねたにもかかわらず親切に応対していただき、『雑賀衆と鉄砲』（「和歌山地方史研究」第四十二号）という自著論文までいただいた。

その折にご教示いただいたことや『和歌山市史』などの参考文献をもとにまとめると、おおよそ次のようになる。

紀州に鉄砲が伝わったのは天文十三年（一五四四）。種子島に鉄砲が伝来した翌年のことだ。

鉄砲伝来の噂を聞いた根来寺杉ノ坊の津田監物《つだけんもつ》が、種子島まで出かけて鉄砲一挺を入手してきた。

監物は当時根来に住んでいた刀鍛冶芝辻清右衛門《しばつじせいえもん》に依頼して鉄砲の製法を解明させ、根来や雑賀でも鉄砲が生産できる道を開いた。

根来寺にも雑賀にも鍛冶職人の集落があり、鉄砲の生産体制を比較的簡単に作り上げることができたのである。

また堺が信長の支配下に組み込まれた時、多くの鉄砲職人が根来や雑賀に逃れてきたともいう。

先の芝辻清右衛門は堺から根来に来たというから、根来や雑賀と堺の鍛冶職人は鉄砲伝来以前から交流があったのかもしれない。

鉄砲は相当高価な武器だったはずだが、雑賀衆は水運や海運に従事したり、紀ノ川を通る船の通行税を徴収することで経済的にうるおっていたので、大量の鉄砲を購入することができたのである。

では火薬はどうか。

このことについては史料がほとんどなく、研究も進んでいないのが現状だという。冒頭にも触れたが、当時は火薬のほとんどすべてを輸入に頼っていたのだから、そのルートを解明することは海外貿易や国際関係に関わる重大事である。

また火薬を入手できるかどうかが合戦の勝敗を分けたのだから、戦国大名の実態を知る上でも火薬の入手経路についての研究は欠かせない。

ところが戦国史の研究においては、こうした視点がそっくり抜け落ちている。

雑賀の火薬の研究が進んでいないのも、こうした現状を反映しているからだと思うが、輸入ルートを推測する手がかりがいくつかある。

ひとつは津田監物が、日本に鉄砲が伝来した翌年に種子島まで渡って鉄砲を入手していることだ。

根来と種子島の交流が相当密接でなければ、こんなことができるはずがないのだから、紀州と種子島の間は海運によって強く結びつけられていたと考えられる。

明国の沿岸を荒らし回った倭寇《わこう》の中に、紀州の者たちが加わっていたという記録もあるので、あるいは種子島ばかりか琉球や明国とも交易していたのかもしれない。

そうした実態をうかがわせる記述が、『昔阿波物語』(『四国史料集』所収、人物往来社)の天正五年正月の条にある。

〈阿波よりこしらへ持来《もちきた》り候鉄炮は、薩摩《さつま》の国より出来申し候。紀州の者は、土佐前《とさ》を船を乗り、さつまあきない計《ばかりつかまつ》仕る故、紀のみなとの商売人は、みな鉄炮壱挺宛《いっちょうずつ》は持ち申し候に付て、みなと計に三千挺御座候《ござそうろう》〉

阿波の者たちが持って来た鉄砲は、薩摩で製造したものである。また、紀州と薩摩は土佐沖を通る太平洋航路によって交易し、紀州の港の商人はみな鉄砲を一人一挺ずつは持っているので、港だけで三千挺を有している。

およそそんな意味で、薩摩が鉄砲の一大輸出地であったことがうかがえる。

鉄砲を売るのなら当然火薬も弾《たま》もセットになっていたはずである。

薩摩の坊ノ津は古くから中国大陸との交易が盛んな所で、倭寇の拠点でもあったのだから、おそらく独自の火薬輸入ルートがあったのだろう。

そうした交易にたずさわる者と、根来や雑賀の者たちとの交流が昔から盛んだったために、雑賀の一揆衆は鉄砲も火薬もふんだんに入手することができたのではないだろうか。

ちなみに薩摩も一向宗徒の多い国で、薩摩藩は幕末にいたるまで一向宗を禁じ、弾圧を加えている。

最後まで本願寺を支えつづけた雑賀衆の後ろには、同じ門徒という連帯意識を持った薩摩の「海民」たちがいて、物心両面にわたる支援を惜しまなかったのだろう。

そうしたことが可能になったのも、両者が黒潮という海の道で結びついていたからなのである。

第九章　光秀の母は殺されたか　〈丹波八上城〉

京都の丹波口を出て老ノ坂峠《おいのさかとうげ》を越えると、明智光秀の城下町だった亀岡市（旧亀山）に着く。

ここから国道三百七十二号線（旧丹波街道）を西に四十キロほど行くと、篠山市《ささやまし》（現丹波篠山市）の市街地にほど近い所に丹波八上城《やかみじょう》がある。

戦国大名として丹波一国に威をふるった波多野《はたの》氏の居城である。

八上城といえば、光秀の母親が磔にされた場所として知られている。

天正六年（一五七八）四月、本格的に丹波平定に着手した光秀は、九月から八上城攻めにかかった。だが波多野氏の頑強な抵抗にあい、翌年の五月になっても城を落とすことはできなかった。

そこで光秀は母親を人質として和議を申し入れ、波多野秀治《ひではる》・秀尚《ひでなお》兄弟を投降させて安土城へ送った。

光秀は投降に応じれば所領を安堵すると誓約していたが、信長はこの約束を反古《ほご》にして波多野兄弟を磔にした。

この処置に激怒した八上城の者たちは、報復として光秀の母親やお付きの者たちを磔にした、というのである。

光秀が本能寺の変を起こした理由として、軍記物や小説によく取り上げられる事件だが、最近では母親の磔はなかったという説が主流を占めている。

はたして真相はどうだったのか。

磔がなかったとすれば、落城の様子はどのようなものであったのか。

その謎に挑むべく、丹波八上城へと向かった。

四月二十七日の早朝、京都の仕事場を出てJR山陰本線に乗った。

円町《えんまち》駅から二十分ほどで亀岡駅に着く。山に囲まれた盆地は、朝もやに白く包まれていた。

昔から霧が発生しやすい土地柄で、光秀が築いた亀山城は霞城《かすみじょう》の異名があるほどだ。

亀岡駅からほど近い所にある城は、今は跡形もなく取り壊され、堀の一部が残っているばかりである。

ここからレンタカーを借りることにした。

亀岡から篠山までつづく国道三百七十二号線は歴史の道である。

源義経はこの道を通って一の谷まで迂回し、兵庫に布陣した平家の大軍を打ち破って鎌倉幕府成立のきっかけを作った。

足利尊氏も後醍醐天皇の反乱を鎮圧するためにこの道を通って山陰へと向かったが、

篠村《しのむら》（亀岡市）で天皇方に身方をする決断をし、後に足利幕府を開いた。

光秀も何度もこの道を往復して丹波平定に尽力したが、最後は進路を東に取って本能寺で信長を討ち果たした。

これが結果的には徳川幕府の開府につながったのだから、日本の三大武家政権は丹波街道から生まれたと言っても過言ではないのである。

車を運転するのは久々だが、道は野中の一本道だし、レンタカーには音声と地図で進路を指示するカーナビまでついている。

しかも道は空《す》いているので、義経や尊氏、光秀が見たのと同じ景色をながめ、それぞれの胸中に思いを馳せながら車を走らせた。

道は思ったより平坦で、まわりの山も低くなだらかである。唯一の難所である天引《あまびき》峠《とうげ》を越えると、市街地の東のはずれにある八上城に難なくたどり着いた。

八上城のある高城山《たかしろやま》は、標高四百五十九メートルである。

ふもとからの標高差は二百三十メートルほどだが、丹波富士と呼ばれる秀麗な山容をしているのですぐにそれと分る。

かつてここで波多野軍と織田軍の熾烈《しれつ》な戦いがくり広げられたかと思うと、感慨胸に迫るものがあった。

波多野氏は相模《さがみ》の波多野荘（神奈川県秦野《はだの》市）を本貫地とする藤原秀郷《ひでさと》の末流で、諸

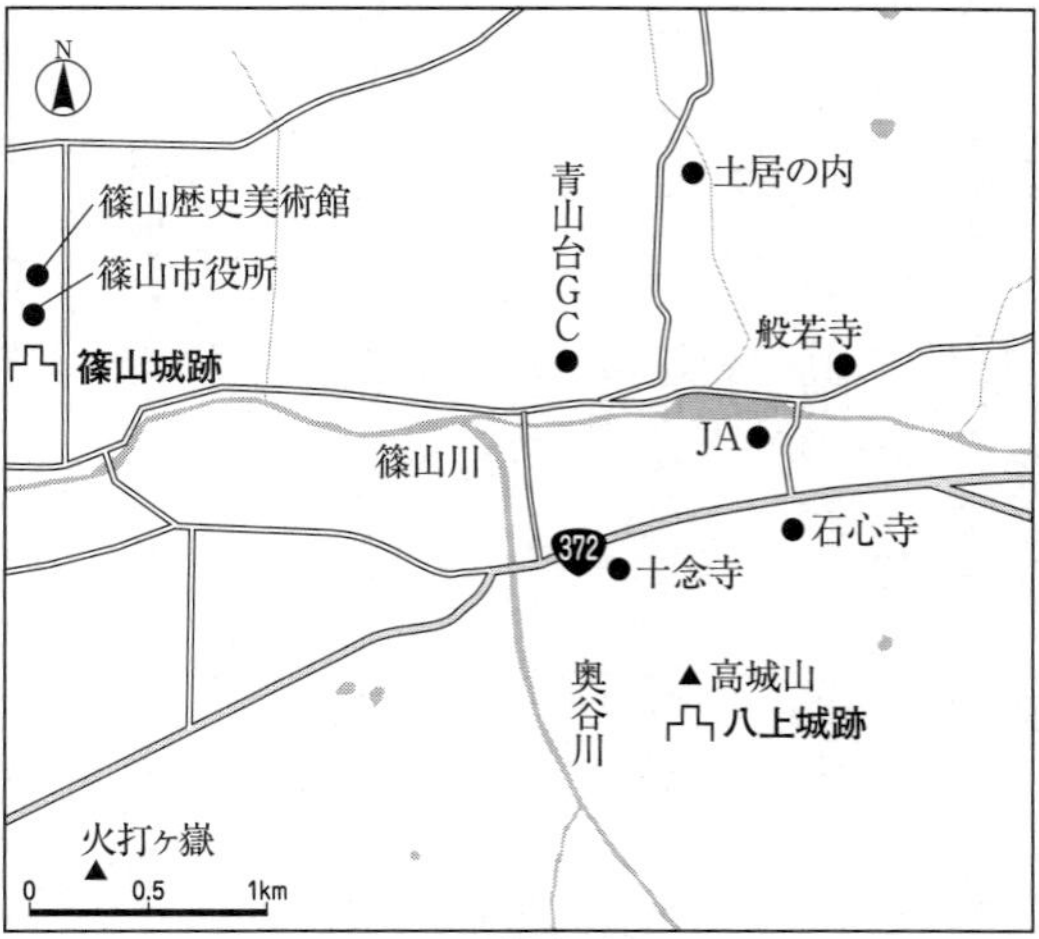
N
篠山歴史美術館
篠山市役所
篠山城跡
青山台GC
土居の内
般若寺
JA
篠山川
372
石心寺
十念寺
奥谷川
高城山
八上城跡
火打ヶ嶽
0
0.5
1km

八上城周辺図

国に一族を分出して勢力を張った。

丹波の波多野氏が史上に名を現すのは、応仁の乱で細川勝元に仕えて軍功のあった清秀の頃からである。

清秀はその恩賞として多紀《たき》郡を与えられ、八上城の南にあった奥谷城《おくたにじょう》を本拠地とした。篠山川の支流の奥谷川をさかのぼった谷間の地で、立地としては越前一乗谷によく似ている。

武家屋敷や城下町も奥谷川ぞいにあり、谷の出入り口に土塁や堀を築いて守りを固めていたのである。

清秀の子元清の代になると、波多野氏は京都の細川高国《たかくに》政権を支える中心的な勢力になった。

丹波一国の守護代と目されるようになるのもこの頃からで、永正《えいしょう》八年（一五一一）頃には本拠地を八上城に移している。

一国を領するためには、奥谷城や谷間の城下町では手狭になったからだ。丹波街道の交通や街道ぞいの市場を支配するためにも、八上城のほうが便利だったに違いない。

元清から秀忠、元秀にわたる三代の間、波多野氏は細川管領家の内紛に巻き込まれ、他の勢力と合従連衡《がっしょうれんこう》をくり返しながら家を保っていく。

ところが天文十八年（一五四九）に思いがけない事件が起こった。

かねて対立していた三好長慶が、足利十三代将軍義輝と細川晴元を都から追い出し、三好政権を打ち立てたのである。

これに元秀は敢然と反し、永禄十年（一五六七）まで十八年にわたって三好家との戦いをくり広げる。

その戦いの中で八上城の城域は拡大し、城としての防御機能も飛躍的に高まっていったのである。


八上城にはいくつもの登城口があるが、大手道といわれている右衛門道《えもんみち》を登ることにした。

登城口には春日《かすが》神社の古い社殿があり、そのすぐ上に主膳屋敷と呼ばれる平坦地が広がっていた。

波多野氏が政庁としていた場所で、東西百四十メートル、南北四十メートルもの広さがある。

丹波街道を見下ろす絶好の位置で、かつてはこの屋敷を中心として城下町が広がっていたというが、今は一面の杉林となっていて往時の遺構は残っていない。

慶長十四年（一六〇九）に徳川幕府が篠山城を築いた時に、城下町をそっくり移したばかりか、城の石垣なども用材として持ち去ったからである。

細く険しい道を登ると、尾根伝いに鴻《こう》の巣《す》、下の茶屋丸、中の壇、上の茶屋丸という曲輪が階段状につづいていた。

これは西方からの敵に備えたもので、奥谷川ぞいにあった城下町を守護する役目も荷っていた。

曲輪から見下ろす篠山盆地には、田植えにそなえて水を張った田んぼが整然と並んでいた。日本人の勤勉さと風土の豊かさを象徴する景色だった。

天気は上々で空は青く澄み渡っている。若緑色の葉をつけた木々の間に、山つつじが薄桃色の清楚《せいそ》な花をつけていた。

所々に椿《つばき》もあって、道には朽ちかけた赤い花が転々と落ちていた。

武士は一度に落ちる椿の花を不吉として忌んだというが、確かに散り落ちた花は打たれた首を連想させる。

武士《もののふ》の　御山の椿　落ちにけり

そんな句を作ってみたくなる風情なのである。

やがて右衛門丸に着いた。

ここからが八上城の主郭で、三の丸、二の丸、本丸への敵の侵入を防ぐための最前線

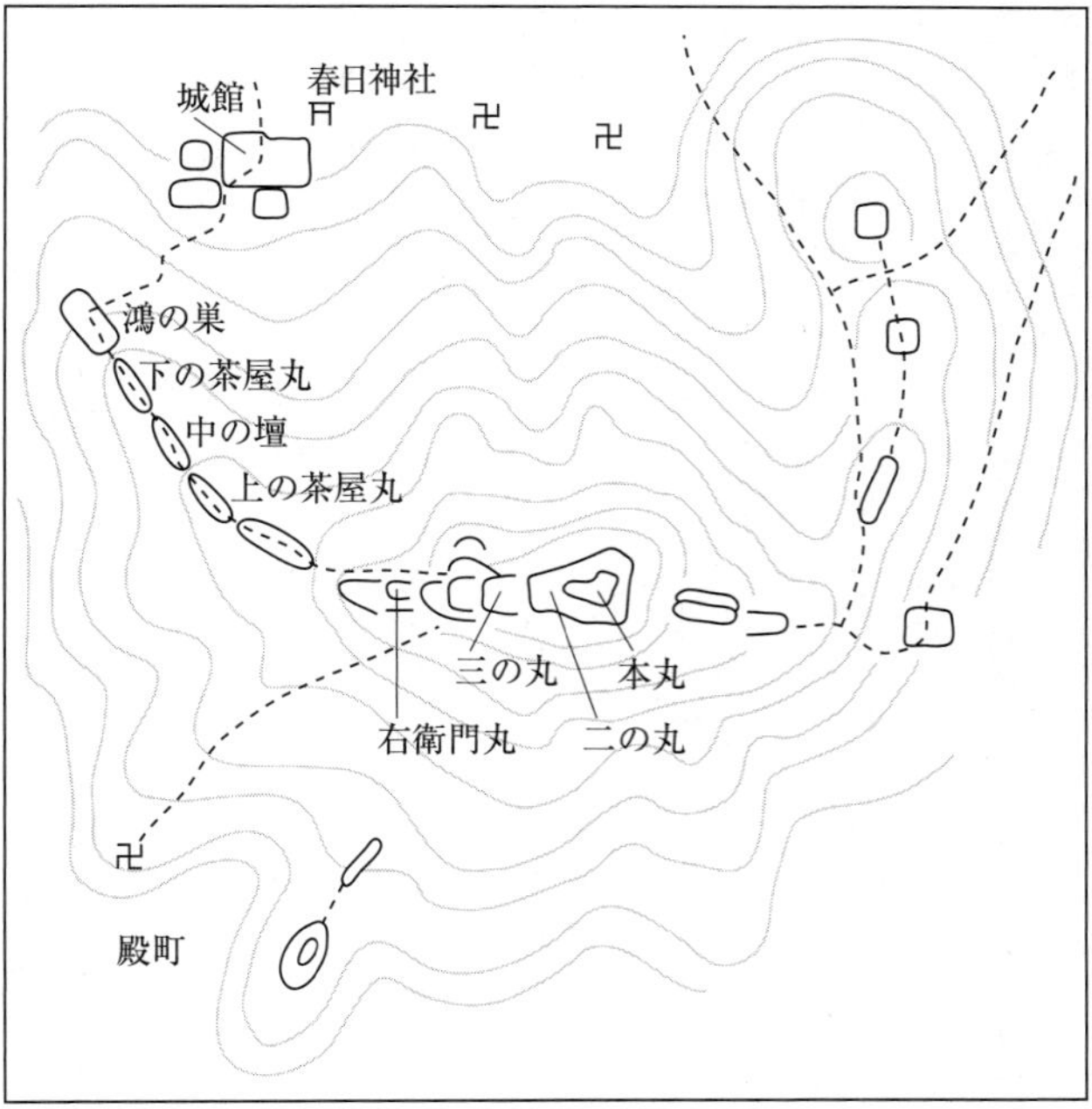

八上城

でもあった。

今は石垣がわずかに残るばかりだが、籠城戦が行なわれていた頃にはさぞ厳重な防塁が築かれていたことだろう。

本丸は高城山の山頂部にあった。

東西四十五メートル、南北二十四メートルの長方形の曲輪で、当時は石垣を高々と築き上げ、鉄砲狭間を開けた土塀をめぐらしていた。

だがその石垣も篠山城の普請の際に持ち去られ、今は小高い丘のような形をとどめるばかりだった。

その上にコンクリート作りの巨大な顕彰碑が立っている。昭和六年（一九三一）に波多野秀治が従三位《じゆさんみ》に叙されたのを記念したものだ。

非業の死をとげた郷土の英雄を顕彰したい気持は分るが、重さ一千貫（約三千七百五十キロ）といわれる石碑を引き上げるために、城の遺構がかなり破壊されたと聞くと、複雑な気持にならざるを得ない。

本丸の周囲に二の丸があり、二の丸の一部が岡田丸と呼ばれている。波多野氏の重臣岡田氏の屋敷があったことにちなんだものだ。

本丸からのながめは素晴らしい。雑木林を伐採して城地として整備すれば、歴史の探索と山歩きをかねた絶好のコースになるだろう。

登山に要した時間はおよそ五十分。

頭上で鳴き交わすうぐいすの声を聞き、尾根を渡る風を受けながらしばらく休んでから、山の北東の尾根を下りた。

こちらの曲輪は、京都方面から攻めてくる三好軍や織田軍に備えて整備されたものである。

少し下ると、籠城用の兵糧や弾薬を保管するための蔵屋敷跡があった。

その下につづくのが池東下番所。池西番所とともに谷間の貯水池を守護した場所だ。落城の時に朝路姫《あさじひめ》が身を投げたことから、朝路池と呼ばれている。

この池には伝説がある。一人で池のほとりに立ち、水面《みなも》に映った自分の姿が美女に見えたなら、年内に必ず死ぬという。

今回は君子危うきに近寄るまいと素通りしたが、次の機会には勇気をふるって挑戦したいものである。

番所から急な坂を下りた所に、問題の磔松がある。明智光秀の母親を磔にしたと伝えられる場所で、戦前までは大人が手を回しても届かないほどの大きな松があったという。

その下の谷にも池があり、磔に使った槍や刀を洗ったことから血洗池と呼ばれているが、はたしてこれは史実にもとづくものなのか。

それとも光秀が本能寺の変を起こした動機を説明するために作られた物語が、まことしやかな伝承を生んだだけだろうか。

永禄十一年（一五六八）の織田信長の上洛以来、波多野秀治は信長に従う姿勢を取りつづけた。

ところが天正六年三月になって、三木城主の別所長治とともに反信長の兵を上げた。波多野家と別所家は古くから同盟関係にあり、秀治の妹が長治に嫁いでいたので、行動をともにする決断をしたのである。

その背景には、毛利家の支援と備後《びんご》の鞆《とも》の浦《うら》にいた足利義昭の協力要請があったことは言うまでもない。

これに対して信長は、明智光秀に八上城の攻略を命じた。

光秀は亀山城から出陣し、四月十日には波多野氏の出城である荒木城を攻め落とした。九月十八日には八上城の後ろの山に陣所を築き、以後九ヶ月にわたる攻城戦に入った。

包囲の様子について『信長公記』は次のように伝えている。

〈惟任日向《これとうひゅうが》（光秀）は、直《ただ》ちに丹波へ相働き、波多野が館取り巻き、四方三里がまはりを、惟任一身の手勢を以て取り巻き、堀をほり、塀・柵、幾重も付けさせ、透間もなく、堀際に諸卒、町屋作りに小屋を懸けさせ、其の上、廻番を丈夫に警固を申付け、誠に獣《けだもの》の通ひもなく、在陣候なり〉

八上城のまわりに三里（十二キロ）にもわたって塀や柵をめぐらし、警固の兵を配して兵糧攻めにかかったのだ。

これに対して波多野氏は、黒井城の赤井直正、伊丹城《いたみじょう》の荒木村重、三木城の別所長治と連携し、毛利家や石山本願寺の支援を得て籠城戦をつづけた。

西丹波、東播磨、北摂津が反信長軍の拠点となり、光秀が東から八上城へ、羽柴秀吉が西から三木城へ攻めかかる形勢となったのである。

天正七年六月　八上城落城
同　　八月　黒井城〃
同　　十一月　伊丹城〃
天正八年一月　三木城〃

反信長の城はわずか半年ばかりの間に次々と落とされ、天正八年（一五八〇）閏三月には石山本願寺も信長に寺を明け渡すことを条件に和議を結んだ。

四つの城の陥落は、本願寺にとって致命的だったからである。

三木城の干殺しは史上に有名だが、八上城でも落城直前には同様の惨状を呈した。

天正七年（一五七九）四月四日に光秀が和田弥四郎《やしろう》にあてた書状には、その様子がつぶさに記されている。

〈城兵たちは助命や退城を願い、様々な方法を用いて訴え出てきている。籠城の兵はすでに四、五百人も餓死していて、願い出て来た者たちの顔も青く腫《は》れて人間とは思えないほどである。このような様子なので、五日か十日の間には必ず敵を討ち果たすことができるはずだ〉

また波々伯部《ははかべ》氏の家系には、先祖の光吉が八上城内に籠城していた時のことについて次のように記されているという。

〈時に光吉は籠城の士であった。同六（七）年に城中に食糧つき困窮に及び、城主を捕えて降参するべきだと言い出す者がいた。光吉はこれに反対したために、同志討ちになりそうな形勢となった。妻の兄の荒木山城守《やましろのかみ》や同甚之丞《じんのじょう》がこれを聞き、極悪の逆臣に取り合わずに退城したほうが良いと勧めたので、時刻をしめし合わせて甚之丞に迎えに来てもらうことにした。光吉は夜中に城を忍び出て、老母を誘い、甚之丞が待っているところまで脱出したが、塀を乗り越えようとした時に槍で足の付け根をつらぬかれてしまった〉

おそらく荒木山城守や甚之丞は、明智方として城攻めに加わっていたが、義兄弟という関係から光吉の脱出を助けたのだろう。

以上二つの文書は、八上城研究会が編纂《へんさん》した『戦国・織豊期《しょくほうき》城郭論』（和泉書院）に紹介されているものを、分りやすく意訳したものである。本書には関係史料や城郭資料もふんだんに紹介してあるので、興味のある方はぜひともご一読いただきたい。

このように明智方が圧倒的に有利な状況で、光秀が母親を人質に出してまで和議を結ぼうとするだろうか。

しかも光秀はこの年五十二歳になっているのだから、母親がいたとすれば七十歳前後だったはずである。

それほど高齢の母親を、坂本城か亀山城からわざわざ呼び寄せて、人質として送り込んだとはとても考えられない。

籠城戦の果てに落城が迫った場合、城主の切腹と引き替えに城兵の助命を行なうのが戦国時代の仕来《しきた》りだった。

だからこそ波々伯部氏の家系が伝えるように、城主を捕えて降参しようと企てる者が現れたのである。

おそらく波多野秀治も城内のこうした声に抗しきれずに、明智方との降伏の交渉の席に着いたのだろう。

ところがこの時、何らかの謀略があった。

そのことは『信長公記』の天正七年の条に、〈波多野兄弟三人の者、調略を以て召し捕り〉と記されていることからもうかがえる。

では、その調略とは何だったのか。

それを知る手がかりが、篠山市民センターの図書館に所蔵されている『多紀郷土史考』（復刻版、臨川書店）の中にあった。

この中で紹介されている『籾井《もみい》家日記』によれば、明智方の野々口西蔵坊《ののぐちさいぞうぼう》と荒木山城守から和議の申し入れがなされたという。

これに対して秀治は、明智方から人質を出すのであれば交渉の席に着くと言ったので、光秀は六月一日に老母を輿《こし》に乗せて八上城に送った。

その翌日、野々口西蔵坊の城で秀治と光秀の会見が行なわれたが、和議の交渉はすんなりとは進まなかった。

そこで光秀らは腕ずくで捕えて連行しようとしたが、秀治は死力を尽くして抵抗し、最後は腹に脇差を突き立てて自害しようとした。

光秀は重症の秀治と弟秀尚を籠に押し込んで安土まで送ったが、城下に着いた時には秀治はすでに息絶え、秀尚は安土の慈恩寺において切腹したという。

残念ながら『籾井家日記』の原本に当たることができなかったし、いつ頃誰によって書かれたものかも分らないので、信憑性《しんぴょうせい》のほどは定かではない。

だが、光秀らが波多野氏と縁故のあった荒木山城守らを仲介役とし、調略を用いて秀治らを捕えたことは確かだと思われる。

こうしたやり方に対する怒りが、光秀は母親まで人質に出しておきながら裏切ったという伝承と、報復として磔にしたという復讐譚《ふくしゅうたん》を生んだのではないだろうか。

この伝承を取材した物語作者が、光秀は本当は秀治との約束を果たすつもりだったが、信長が有無を言わさず波多野兄弟を殺したために母親を犠牲にせざるを得なかったという物語に作り替え、本能寺の変の原因はここにあるという説を立てた。

その物語が広く世に知れ渡ったために、地元の伝承も市民権を得て、磔の松や血洗池のような「史跡」を生んだと考えられる。

江戸時代にも現代と同じような旅行ブームがあり、街道ぞいの名所旧跡を紹介したガイドブックが数多く作られた。そのガイドブックに取り上げてもらい観光客を誘致するために、各地で物語や伝説にちなんだ名所旧跡がいかにもそれらしく作られた。

それゆえ史実と物語が渾然一体《こんぜんいったい》となり、歴史研究者の作業をより困難なものにしているのである。

一時間ほどかけて藤の木坂道の入口まで下り、旧街道を歩いて春日神社口まで戻った。街道ぞいに国宝堂と大書された骨董屋《こっとうや》があり、刀や槍、鉄砲、仏像、陶磁器などが所狭しと並べられている。

八上城のふもとだけに、何か由緒があるかもしれないと思って立ち寄ってみた。

応対に出られたのは、五十がらみの恰幅《かっぷく》のいいご主人である。話をうかがううちに、この方が八上城の城代家老であった喜多川氏の末孫であることが分った。

喜多川氏と波多野氏は姻戚関係にあったので、城主とも因縁浅からぬ家柄である。

喜多川氏は足利将軍家とも深い縁があった。

永禄八年（一五六五）五月に第十三代将軍義輝が松永久秀らに討たれた時、喜多川五郎左衛門《ごろうざえもん》は三歳になる義輝の長子（一説には義昭の子ともいう）を連れて都を脱出し、八上城下で養育した。

やがてこの子は浄土宗西山深草派の総本山誓願寺で出家修行し、覚山天誉《かくざんてんよ》上人となった。

そうして波多野秀治らの寄進を得て、八上城下の谷に清浄山誓願寺を開いたのである。

喜多川五郎左衛門は自分の息子を出家させ、覚山上人の直弟子《じきでし》として誓願寺を継がせたというから、覚山への思いには並々ならぬものがあったに違いない。

ご主人の話を聞き、喜多川家ゆかりの品を見せていただいているうちに、ひと振りの脇差が目にとまった。

長さ一尺六寸ばかりで、中子《なかご》には「備州長船祐定《おさふねすけさだ》」の銘がある。祐定は戦国時代中期に活躍した、長船派の掉尾《とうび》を飾ると言われる名工である。

刀の拵《こしら》えも立派で、柄頭《つかがしら》には登り龍の金の象眼がほどこされ、赤鞘《あかざや》には金の獅子《しし》をあしらった小柄が仕込んである。

刀身はすっきりと伸びて、ずしりと重い。

いかにも戦国武将愛用の品らしい風格を漂わせるひと振りなのだ。

これも何かの縁にちがいないと思い、清水《きよみず》の舞台から飛び下りるつもりで譲っていただくことにした。

この脇差は今、仕事場の床の間に飾ってある。

仕事にかかる前に刀を抜き、じっと刀身をながめていると、不思議に心が鎮まり背筋がしゃんと伸びてくる。

あるいはこの刀が縁となって、いつの日か波多野氏の物語を書くことになるのかもしれない。

第十章　三木の干殺し　〈播州三木城〉

三木城主別所長治が、織田信長に反旗をひるがえしたのは天正六年（一五七八）三月のことだった。

長治ら東播磨（兵庫県東部）の国人領主たちは、天正三年（一五七五）以来信長に恭順の意を示し、天正五年（一五七七）二月の紀州雑賀攻めには織田方として出陣した。

その別所氏がなぜ信長に叛《そむ》き、二年近くに及んだ籠城戦の末に滅亡することになったのか。

別所家譜代の家臣である来野弥一右衛門《きのやいちえもん》が記した『別所長治記』をもとに、そのいきさつをたどってみたい。

事の発端は、天正六年三月七日に加古川《かこがわ》の館で行なわれた羽柴秀吉との会談だった。

播磨を平定して毛利氏との決戦にのぞむために出陣してきた秀吉は、東播磨八郡を領する別所氏に先陣を申し付けた。

ところが長治の使者として会談にのぞんだ別所山城守吉親《よしちか》は、秀吉の横柄な態度に業を煮やし、三木城に帰って反秀吉の兵を挙げるように進言した。

秀吉があれほど傲慢な態度を取るのは、西国平定を終えた後に当家を亡ぼすつもりだからにちがいないというのである。

また信長が別所家の立場を重んじているなら、嫡男の信忠を大将としてつかわすはずなのに、家臣にすぎない秀吉の下知に従えとは納得できないとも訴えた。〈氏モナキ人ヲ大将ニシテハ〉とか〈漸《ようやく》侍ノマネヲスル秀吉ヲ大将ニシテ、長治カレガ先ニテ軍《いくさ》セバ、天下ノ物笑タルベシ〉という意見に他の重臣たちも同意したというから、赤松円心の末流である別所氏の名門意識は相当に強かったのだろう。

また、毛利氏や石山本願寺からも身方するようにと誘いがあり、衆議一決して反信長の兵を挙げることにしたのだった。

城主の長治はまだ二十一歳の青年なので、叔父にあたる吉親の意見に抗することができなかったのだろう。

これを知った秀吉は「何の恨みあっての逆心だろうか。もし不満があるのなら言ってくれ」と申し入れたが、長治は「長年毛利輝元に頼まれて決意したことだから、城を枕に討死しても本望である」と返答した。

秀吉はやむなく開戦を決意し、三月二十九日に三木城に攻め寄せた。

三木城は高さ五十メートルほどの台地の上に築かれ、西に流れる美嚢川《みのうがわ》を外堀にした堅固な城である。

この城に別所勢八千人ばかりが立て籠り、一味同心した志方城《しかたじょう》、神吉城《かんきじょう》、野口城、淡河城《おうごじょう》の者たちと連絡を取りながら防戦につとめたのだから、戦上手の秀吉も容易には攻め落とすことができなかった。

そこで秀吉は三木城の包囲を弟の小一郎《こいちろう》秀長に申し付け、加古川下流に近い野口城を攻めることにした。

三木城への物資は、加古川から美嚢川をさかのぼる水運によって運び込まれている。このルートを断つために、まず野口城から落とすことにしたのである。

四月三日、秀吉軍は野口城に攻めかかり、鉄砲、大砲を駆使した銃撃戦の末に、城主の長井四郎左衛門《ながいしろうざえもん》を降伏させた。

その頃、別所長治から救援要請を受けた毛利輝元は、小早川隆景《こばやかわたかかげ》、吉川元春《きつかわもとはる》を大将とする三万の軍勢を播磨に向けて進撃させていた。

毛利軍はまず秀吉方となっていた上月城《こうづきじょう》（兵庫県佐用郡上月町《さようぐんこうづきちょう》〈現佐用町〉）の尼子勝久を攻めた。急を聞いた秀吉は数千の軍勢をひきいて救援に駆けつけたが、毛利の大軍との決戦をさけて退却した。

このために上月城は落城し、山中鹿之助《しかのすけ》らの尼子氏再興の夢はついえたのである。

毛利軍迫るとの報を得た信長は、嫡男信忠に三万の軍をそえて播磨に向かわせた。

秀吉は信忠軍と合流して加古川西岸の神吉城、志方城を攻め落とし、三木城へと押し寄せたが、性急な力攻めをさけ、城のまわりを取り巻いて兵糧攻めにすることにした。

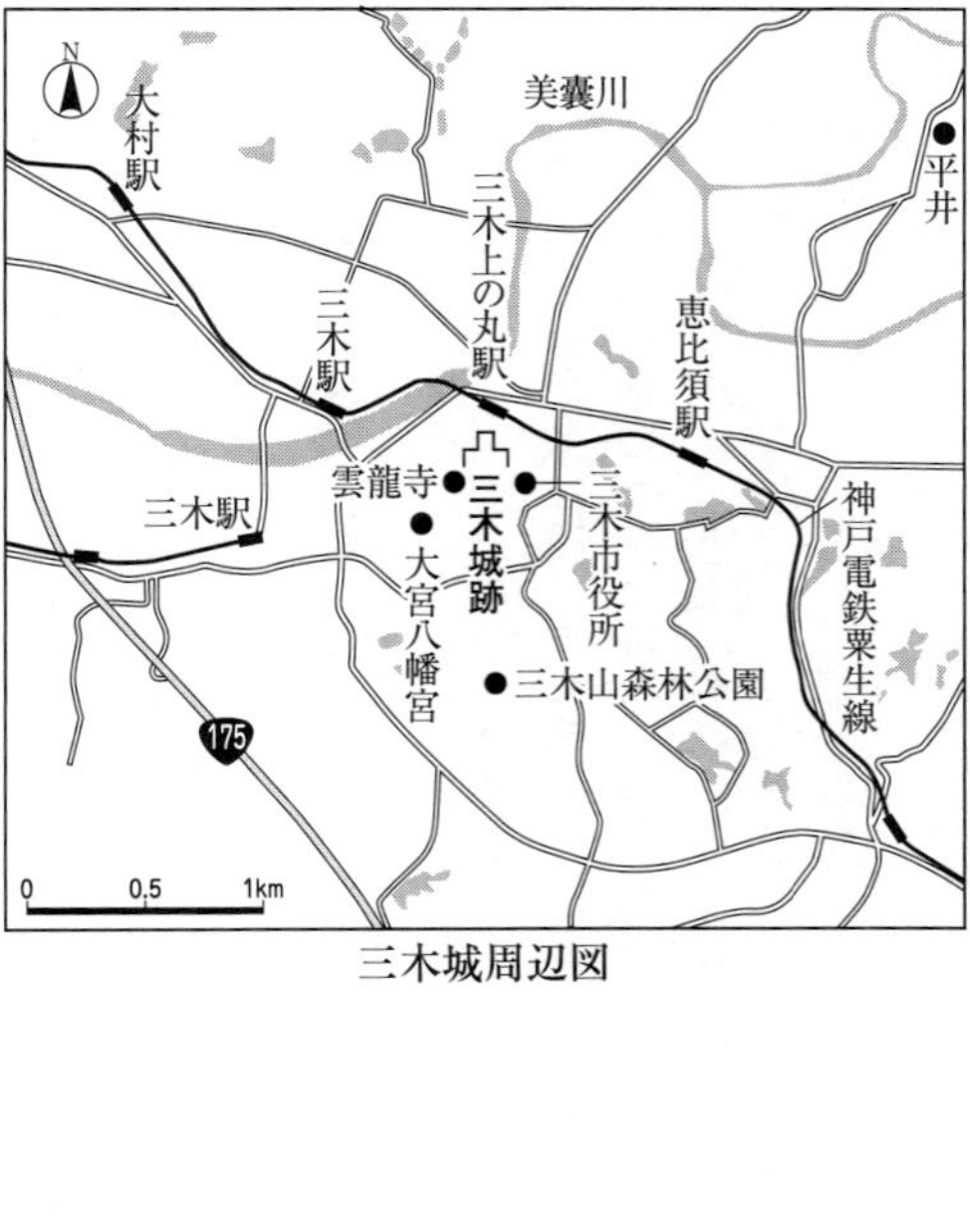
N
美嚢川
大村駅
平井
三木上の丸駅
三木駅
恵比須駅
雲龍寺
三木城跡
三木市役所
三木駅
神戸電鉄粟生線
大宮八幡宮
三木山森林公園
175
0
0.5
1km

三木城周辺図

同じ頃、明智光秀も丹波八上城の兵糧攻めにかかっているので、これは毛利軍との決戦に備えて戦力を温存しようとした信長の指示によるものだろう。

信忠軍が八月十七日に安土に引き上げると、秀吉は三木城から北東に五キロほど離れた平井山に本陣を築き、長期戦の構えに入った。

十月中旬、秀吉軍は別所方の最後の拠点だった高砂城《たかさごじょう》を攻め落とし、加古川から三木城への物資搬入ルートを完全に断った。

三木の干殺しと呼ばれる凄惨《せいさん》な籠城戦が、かくして始まったのである。

六月八日の午前九時、京都の仕事場を出て三木城へ向かった。

JR京都駅から東海道山陽本線の新快速姫路《ひめじ》行きに乗り、一時間ほどで神戸に着いた。ここから高速神戸の電車に乗り、新開地駅で神戸電鉄に乗り換えた。

電車は六甲山地の西に連なる山地を抜け、志染川《しじみがわ》ぞいの丘陵地帯を通って三木上の丸駅に着いた。

三木市は美嚢川やその支流の志染川ぞいに広がる人口七万五千人ほどの町で、古くから金物の生産地として知られている。

この地に金物業が発達したのは、木材の切り出しが盛んだったためである。

山間部で切り出された木材は、美嚢、志染両川の水運を利用して三木まで運ばれ、大工や木挽《こびき》によって建築資材として加工された。

寛保《かんぽう》二年（一七四二）の記録によると、三木町の戸数五百十四軒のうち大工百四十、木挽二十六だったというから、その盛況振りがうかがえる。

刃物は彼らの必需品なので、金物業も自然と盛んになり、金物の町として知られるようになったのである。

三木城跡は上の丸駅の背後にある小高い丘で、うっそうと生い茂る森におおわれていた。

城跡の大部分は住宅地と化しているために、詳しい地図がなければどこが城の遺構か分らない。

そこで西の丸跡にある市立図書館を訪ね、郷土史料を見せていただいた。

幸い城の曲輪の配置を詳細に記した『三木城復原図』があり、これをもとにあたりを散策することにした。

西の丸の北側には本丸がある。美嚢川ぞいに南北に連なるこの二つの曲輪が三木城の主郭で、東側にある新城や東の丸には重臣や家臣たちの屋敷があったと思われる。

本丸には真新しい別所長治像が建ててあり、櫓跡とおぼしき高台には長治の辞世の歌を刻んだ石碑が建てられていた。

今はただうらみもあらじ諸人《もろびと》の
　いのちにかはる我身とおもへば

城内の将兵の命を助けることと引き替えに自刃した長治の、清々《すがすが》しい覚悟が伝わってくる歌である。

眼下には城下町が広がり、長治らが守りの要と頼んだ美嚢川が流れていた。川を渡る風に吹かれながら往時に思いを馳せていると、すぐ側を三両編成の電車が音を立てて通り過ぎ、川にかかる鉄橋を渡っていった。

本丸の北側には、直径三・六メートル、深さ二十五メートルもある巨大な井戸があり、かんかん井戸と呼ばれている。この井戸に小石を投げ込むとかんかんという音がするので、この名がついたという。

別所勢が長い籠城戦に耐えられたのも、この井戸によって飲料水を確保することができたからである。

また西の丸からは、口径一メートルほどもある備前焼《びぜんやき》の大甕《おおがめ》が十四個も出土した。この甕の中に炭化した麦粒が付着していたことから、食糧貯蔵用に使われていたものと見られている。

本丸を出て東に向かい、鷹《たか》の尾《お》の跡を訪ねてみた。

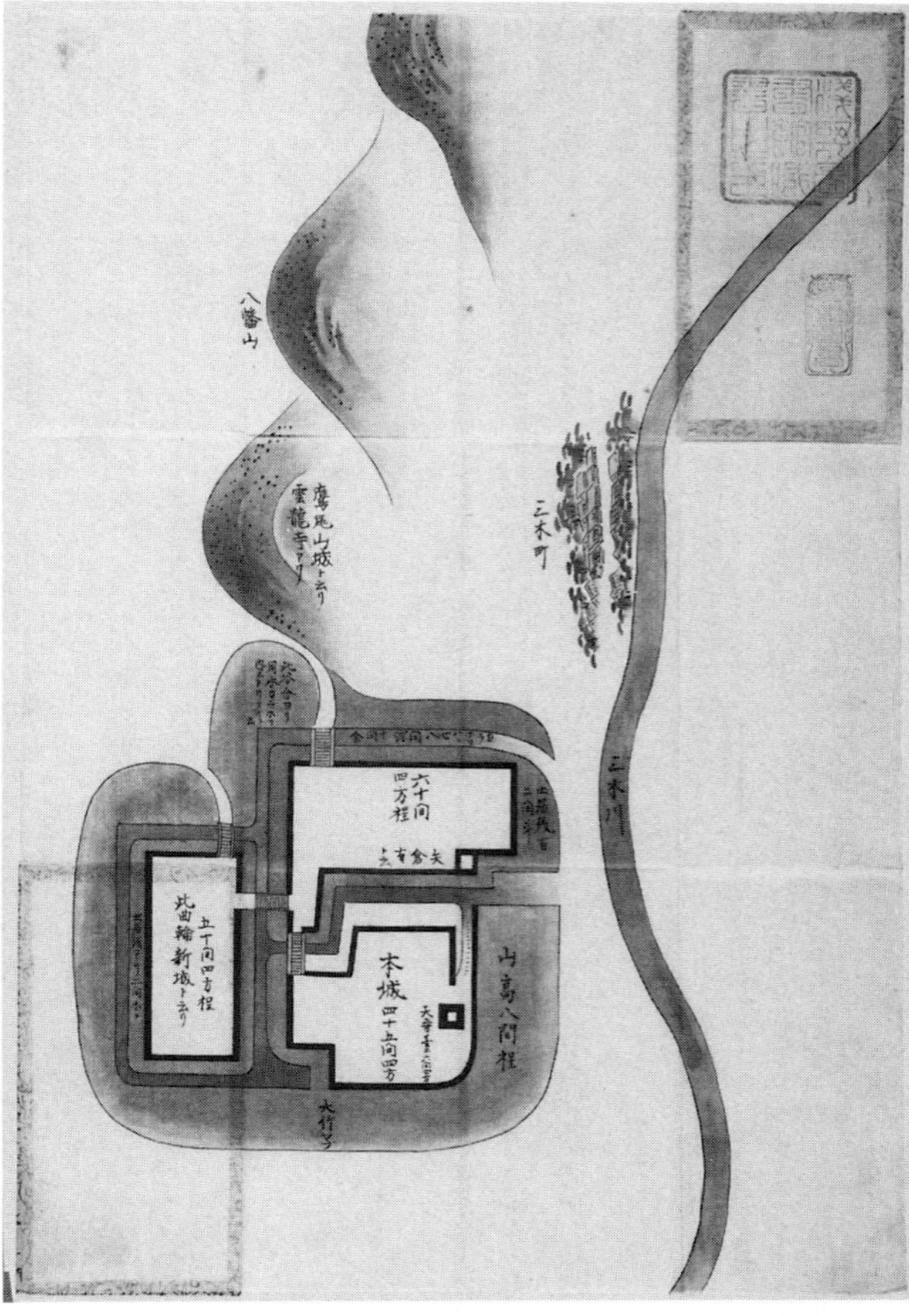

三木城（広島市立中央図書館蔵。『浅野文庫蔵諸国古城之図』新人物往来社）

本丸の東南に位置する鷹の尾や八幡山《はちまんやま》には砦があり、城の搦手から攻めて来る敵に備えていた。

ところが今では二つの山とも跡形もないほど削り取られ、巨大な市役所や公共施設が立ち並んでいる。広々とした駐車場の南側に八幡山の尾根の部分だけが残り、遊歩道が作られていた。

城内には雲龍寺という別所氏の菩提寺《ぼだいじ》がある。

三木城開城の際に別所長治はこの寺の和尚に後事を託し、日頃愛用していた金天目《きんてんもく》の湯呑《ゆのみ》や掛軸を贈った。

それらの品は寺宝として残され、若き城主の暮らしぶりを今に伝えているのである。

寺の南側には、長治夫妻の首塚がある。落城の際には家族も運命をともにするのが当時の仕来りで、長治は妻と三歳になる男児を我手で刺殺し、従容《しょうよう》と切腹の場にのぞんだのである。

首塚の近くには一段低くなった所があり、公園のような遊具が置いてあるが、これはかつての空堀の遺構である。

城の北側には二位谷川《にいだにがわ》が流れ、外堀の役目を果たしていた。城の大手門もこの川に面した所にあったが、今は大手橋という地名に名残をとどめるばかりである。

大手橋の近くの店で遅い昼食をとり、迫りくる夕暮に追われるように平井山へ向かった。

秀吉が三木城攻めの本陣とした標高百五十八メートルの山で、途中には竹中半兵衛《はんべえ》の墓があった。

秀吉の軍師として有名な半兵衛は、城攻めのさなかの天正七年（一五七九）六月十三日に陣中で病没したのである。

いったんは病気療養のために京都に引き上げたが、秀吉の苦戦を見かねて陣中で采配を取り、三十六歳の若さで没したと伝えられている。

平井山の山頂からは、三木城がはっきりと見えた。

五キロほど離れてはいるが、城の様子は手に取るように分る。

秀吉はこの山頂に本丸と二の丸からなる城を築き、別所勢の動きを昼夜監視していたのだった。

城の外と内でにらみ合いをつづけていた両軍の均衡が破れたのは、天正七年二月六日のことである。

兵糧攻めの恐怖にじわじわと追い詰められた別所勢は、平井山の秀吉本陣を急襲し、一気に決着をつけようとした。

別所吉親を大将とする二千五百が平井山の正面から攻めかかって秀吉軍をおびき出し、

長治の弟治定を大将とする七百余が山の東側から秀吉の本陣を急襲する作戦だった。

別所勢は卯《う》の刻《こく》（午前六時）に城を発し、二手に分れて平井山を目指したが、この動きは完全に秀吉に察知されていた。

午前六時といえばすでに夜も明けている上に、平井山からは三木城の様子は丸見えなので、これは無理からぬことである。

〈秀吉山ヨリ見下シ、敵ヨセ来ルゾ。押出セヨト使番《つかいばん》ヲモッテ触ラル〉と『別所長治記』は伝えている。

別所勢が正面からの決戦を挑んだのは、平井山の秀吉軍が二千ばかりの兵力しかなかったからだろう。

同書には秀吉の総勢はわずかに六、七千と記されている。この軍勢を分散して三木城の周囲に配していたので、本陣にはそれほど多くの兵力を残していなかった。

だから一気に攻めかかれば勝算はあると思ったのだろうが、秀吉に手の内を読まれている上に、山の下から攻めかかる不利はいなめない。

秀吉はまず、山の東側に回った奇襲部隊を弟秀長の軍勢に追い落とさせ、後顧の憂いをなくして正面に布陣した吉親軍に攻めかかった。

このため別所勢は大混乱となり、治定以下侍三十五人、士卒七百八十余人の戦死者を出して城に逃げ帰った。

失ったのは人命ばかりではない。乾坤一擲《けんこんいってき》の勝負を挑んだだけに、城内に備えている鉄砲の大半を将兵に持たせ、弾薬も充分に装備させていた。

その優良な武器を持った者が討死したために、何百挺かの鉄砲や弾薬を敵の手に奪われることになったのである。

この頃三木城には、ひとつだけ物資搬入ルートが残されていた。

前の年の十月に伊丹城の荒木村重が反信長の兵を挙げ、別所勢とともに戦うことになった。そこで毛利家では摂津の花熊城《はなくまじよう》（神戸市）に兵糧を入れ、六甲山地を越えて三木城まで運び込んでいたのである。

これを察知した秀吉は、五月二十五日に輸送の中継地である丹生山明要寺《みようようじ》を攻め落とし、搬入ルートを完全に断った。

三木城を何としてでも救おうとする毛利輝元は、吉川元春、小早川隆景を大将として、兵糧、武器、弾薬を満載した兵船二百余艘を、明石《あかし》の近くの魚住港《うおずみこう》に入港させた。

総勢は七千余で、これには石山本願寺からの出陣要請を受けた雑賀の鉄砲衆も加わっていた。

九月十日夜半、毛利勢は物資を背負って三木城を目指し、丑《うし》の刻《こく》（午前二時）には三木大村に到着した。

毛利勢が夜の間に三木城の間近まで迫り、城内の別所勢がこれを守りながら物資の搬入を行なったなら、作戦は成功しただろう。

だが秀吉軍はそうはさせじと、三木城の周囲に砦を構えて包囲網を築いていた。

毛利勢はこれを突破するために、谷衛好《たにもりよし》が守る平田砦に夜襲をかけたが、攻略に手間取って先へ進めなかった。

明け方になって三木城から兵糧受け取りの軍勢が到着したが、毛利勢が平田砦を攻めあぐねているのを見ると、兵糧米のことなど忘れたかのように一手になって攻めかかった。

これを知った秀吉は、一千余騎をひきいて救援に駆けつけようとしたが、別所吉親が三千余の軍勢をひきいて平井山と大村の間に立ちはだかった。

この作戦に城の命運がかかっているので、総力をあげて輸送部隊を守り抜こうとしたのである。

少数の秀吉軍は、鋒矢《ほこや》の陣形を取って相手の中央を突破しようとした。別所勢は鶴翼《かくよく》の陣を敷いて敵を中に取り込めようとし、互いに死力を尽くした戦いとなった。

合戦の勝敗は人数だけでは計れない。

おそらく秀吉軍は優秀な鉄砲を装備し、弾薬も充分に保持していたはずである。騎馬武者の数も多かっただろう。

対する別所勢は平井山の合戦で多くの鉄砲を失い、長期の籠城戦がつづいたために弾も火薬も不足していた。しかも城中で多数の馬を飼うことはできないので、軍勢の大半は徒歩だったと思われる。

秀吉軍は〈敵を駆け破り、後ろへ駆け抜け、取って返して駆け破った〉と『別所長治記』に記されている。

この合戦で大敗した別所勢は、大将格七十三人、都合八百余人が討死するという大打撃を受けた。

兵糧米の搬入にも失敗し、頼みの毛利勢も撤退して、もはや戦う気力さえ失ったのである。

合戦に勝った秀吉軍はいっきょに包囲の輪をちぢめ、互いの距離は五、六百メートルほどになった。

そのために城内の兵糧はいよいよ欠乏し、牛馬や犬猫ばかりか飢え死にした者まで食べるという惨状を呈した。

秀吉は陣僧を使いに出して降伏するよう申し入れたが、別所吉親が強硬に反対したために交渉は決裂した。

年が明けた天正八年（一五八〇）一月十一日、秀吉は鷹の尾の出城や別所吉親が守る新城を攻め落とした。

城中の兵は飢えのために衰え果て、鎧《よろい》を着て戦う体力もないので、双肌《もろはだ》脱ぎになって立ち向かおうとしたが、もはや刀をふり上げる力もなく、三百人ばかりの若侍がなす術もなく斬り伏せられた。

老武者《おいむしや》三十八人は、敵の手にかかるよりはと一度に腹を切って果てたという。

その四日後、別所長治は秀吉に降伏を申し入れた。弟友之、叔父吉親の三人が自害するので、将兵の命を助けて欲しいというのである。

秀吉はこれを快諾し、見舞いのために酒肴《しゆこう》を贈った。長治はそれを将兵に分配し、酒宴を張って労をねぎらったという。

ところがこの降伏に強硬に反対する者がいた。合戦の当初から指導的役割を果たしてきた山城守吉親である。

吉親は最後まで抗戦し、城に火をかけて討死するべきだと主張したが、家臣たちに取り押さえられて首を取られた。

長治と友之はこれを聞き、十七日に心静かに自害したという。

翌日、城中の者たちが助け出され、二年近くに及んだ籠城戦が終わったのである。

帰りは有馬《ありま》温泉に立ち寄った。

三木から有馬までは、神戸電鉄で一時間もかからない。それに秀吉ゆかりの温泉なので、一度訪ねてみたかったのである。

有馬の町は秀吉一色だった。

太閤《たいこう》像やねね像が立ち、太閤通りや太閤橋がある。出世とか千成《せんなり》という秀吉にちなんだネーミングも目立っている。

中でも注目すべきは太閤の湯殿館だった。

秀吉は天正十一年（一五八三）から文禄三年（一五九四）までの間に九回も有馬に湯治に訪れ、千利休《せんのりきゅう》らと茶会をもよおしている。

そのための御殿を温泉神社の近くに造営したが、その遺構は長年発見されないままだった。

ところが一九九五年一月の阪神・淡路大震災で極楽寺の庫裏《くり》が壊れ、その下から御殿の一部と見られる湯船や庭園の跡が発見された。

太閤の湯殿館ではそれらの遺構を直接見られる形で保存し、出土した瓦《かわら》や茶器などとともに展示している。

三木城の凄惨な籠城戦の跡をたどってきただけに、秀吉の栄耀栄華《えいようえいが》を目にするのは複雑な気持だが、勝者と敗者の運命の差は致し方がない。

それに秀吉には、庶民の人気をさらう人徳がそなわっていたのだろう。

同じ時期に城攻めにかかった明智光秀は、謀略をもって波多野秀治を討ち果たした。

ところが秀吉は、降伏する敵に酒肴を贈って労をねぎらっている。
この気質と人望の差が、山崎《やまざき》の合戦で両者の勝敗を分けたのかもしれない。

第十一章　畿内をのぞむ水軍の城　〈洲本城〉

淡路島は戦国時代史において注目度が低いようである。

京都や大阪、泉州や紀州ではさまざまな合戦譚や武将の物語が残されていて、小説や映画になることも多いが、淡路島だけは白地図のままぽつんと取り残された感がある。

これは史上に名を留める有力大名が現れなかったせいだろうが、戦国時代史が陸路中心の史観によって語られてきたことも少なからず影響しているようである。

陸路の交通を念頭において考えれば、島は孤立していると考えられがちで、政治や経済において重要な役割を果たしていると見なされることは少ない。

その通念が、淡路島に対する評価を畿内より一段低いものにしているのだろう。

ところが海路や水運を中心にして考えれば、この評価は一変する。

大阪湾と播磨灘《はりまなだ》に面し、明石海峡と鳴門《なると》海峡、紀淡《きたん》海峡を扼する淡路島は、畿内にとって最も重要な位置を占めていると言っても過言ではないのである。

織田信長は木曽川や伊勢湾の水運を掌握することによって天下人にまでのし上がったが、それより以前に瀬戸内海や大阪湾の水運を押さえることで下克上を成し遂げた男がいた。

阿波の三好長慶である。

三好家は細川家の被官に過ぎなかったが、長慶の曽祖父之長《ゆきなが》の頃から足利幕府の中で重きをなすようになり、長慶の頃には将軍足利義輝を都から追って三好政権を打ち立てた。

長慶は阿波や淡路を本拠地とし、強大な水軍を組織して摂津や泉州へ進出し、ついには畿内を支配する大勢力となったのである。

その時長慶の右腕として活躍したのが、淡路の洲本《すもと》城主だった弟の安宅冬康《あたぎふゆやす》だった。

淡路とは阿波への路という意味で、阿波から畿内へ出るための要路に当たる。

中でも洲本は対岸の泉州や紀州を望む重要な港で、三好氏が亡んだ後も仙石秀久《せんごくひでひさ》、脇《わき》坂安治《さかやすはる》、藤堂高虎《とうどうたかとら》など、水軍大名として名高い武将たちが城主に任じられている。

その地に築かれた城とは、いったいどんな構えなのか。

また淡路は古くから天皇の食膳に料を供する国に指定され、御食国《みけつくに》と呼ばれていたが、その実力の程はいかがなものか。

期待に胸をふくらませて取材に出向いたのだった。

梅雨《つゆ》のさなかの七月五日、京都の仕事場を出て関西空港へと向かった。

空港の近くの船着場から洲本港まで洲本パールラインという高速船が出ている（二〇二四年現在、休止中）。せっかく海の山城に行くのだから、大阪湾を渡ることにしたのだった。

空港からポートターミナルに向かうバスに乗り、小型の高速船に乗り換えた。ようやく雨が上がったばかりで、空は厚い雲におおわれ、海は灰を流したような暗い色である。いつもは間近に見える淡路島も、霧に閉ざされて島の稜線《りょうせん》がかすかに見えるばかりだった。

高速船は海の上を飛ぶような速さで走り、定刻どおり洲本港に着いた。

船着場の背後に低い山並みがつづき、三層のほっそりとした天守閣が建っている。これは昭和三年（一九二八）に作られた洲本城の模擬天守閣で、今では洲本市のシンボルとなっている。

洲本の地名は、洲本川の河口の中洲に由来するという。上流の山間部から流された土砂が河口に堆積し、現在の市街地を形作ったのである。

市の南側にそびえるのが標高百三十五メートルの高熊山《たかくまやま》（三熊山《みくまやま》のひとつ）で、洲本城はこの山頂部を本丸としている。

市の北側にも洲本川にそって低い山並みがつづき、その頂きに炬口《たけのくち》城《じょう》があった。安宅冬康が活躍した戦国時代には、南北二つの城で洲本港を守る構えを取っていたのである。

洲本城は永正七年（一五一〇）に熊野《くまの》水軍の一族だった安宅冬一が築いたと伝えられている。

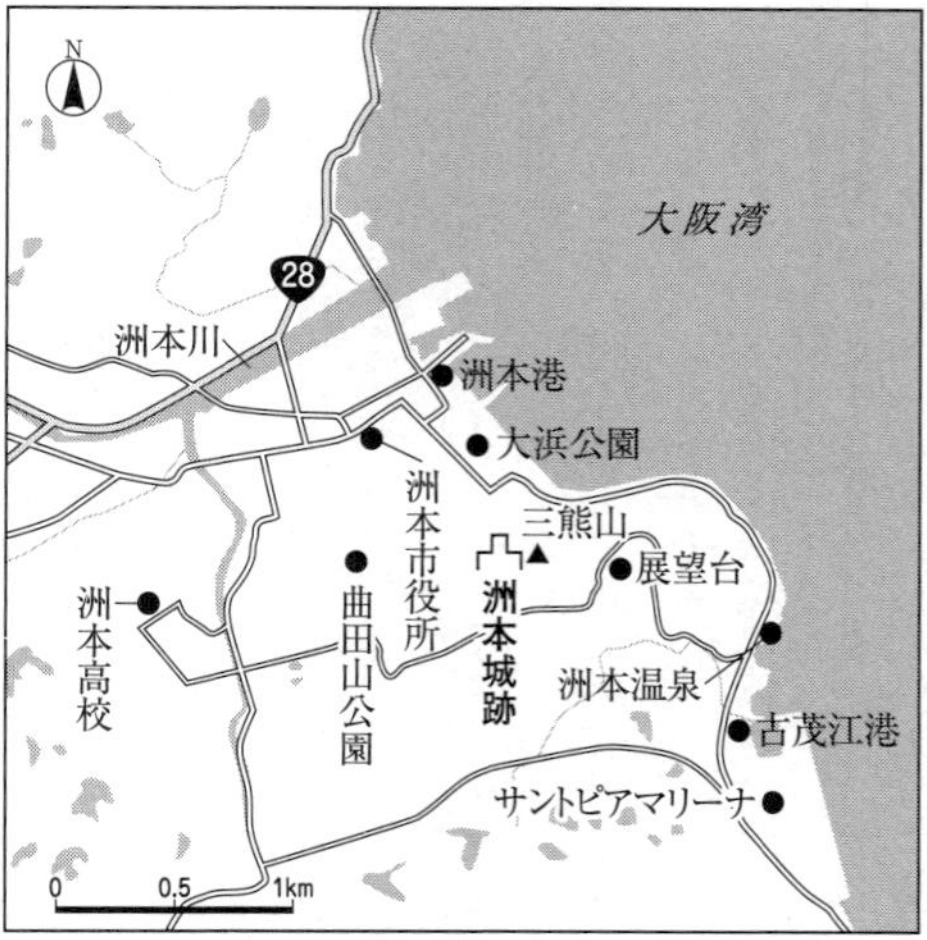
N
大阪湾
28
洲本川
洲本港
大浜公園
洲本市役所
三熊山
展望台
洲本城跡
曲田山公園
洲本高校
洲本温泉
古茂江港
サントピアマリーナ
0
0.5
1km

洲本城周辺図

安宅氏は紀伊熊野の安宅荘の出身だが、南北朝時代に足利二代将軍義詮《よしあきら》の命を受けて海賊退治のために来島し、島内の主要な港を支配下に組み込んで勢力を張った。だが、戦国時代になって阿波の三好家の勢力が強大になると、安宅氏は長慶の弟冬康を養子に迎えて臣従を誓うことを余儀なくされた。

洲本城が戦国の山城として本格的に整備されたのはこの頃のことで、高熊山の山頂を詰めの城とし、平時にはふもとの御殿を住居としていた。

当時は現在の大浜公園の所まで海が湾入し、防波堤の石垣も築かれていたので、洲本城のすぐ下が水軍の港として使われていたのである。

天正九年（一五八一）、信長の命を受けた秀吉が淡路島の攻略に乗り出し、毛利方となっていた安宅氏はあえなく滅亡した。

その翌年に本能寺の変が起こり、明智光秀を破った秀吉が天下の主導権を握ると、洲本城は秀吉の家臣であった仙石秀久に与えられた。

天正十三年（一五八五）に秀久は讃岐《さぬき》の高松城に転封《てんぽう》となり、賤ヶ岳《しずがたけ》の七本槍として名を馳せた脇坂安治が入城した。

安治は慶長十四年（一六〇九）に伊予《いよ》の大洲《おおず》に転封となるまで二十四年間在城し、洲本城の大規模な改修工事を行なった。

現在のような広大な石積みの城となったのは、この工事以後のことである。

安治の後には藤堂高虎、池田輝政の三男忠雄が入封したが、元和元年（一六一五）に阿波の蜂須賀至鎮《はちすかよししげ》が大坂の陣の功によって淡路の大半を与えられ、由良成山城《ゆらなるやまじょう》に城代を置いた。

寛永八年（一六三一）、蜂須賀家は由良から洲本へ治政の拠点を移し、洲本城の大改修と城下町の整備を行なった。

洲本城の城代には稲田氏が任じられ、高熊山のふもとの御殿（下の城）を居館として幕末まで淡路の治政に当たったのである。

こうした変遷を経てきたせいで、洲本城には戦国時代から江戸初期までの築城法が重層的に残されている。

城の石垣や曲輪の保存状態も良好で、一九九九年には国の史跡に指定されている。そこに残された時代的な特徴をどこまで読み取ることができるか、まるで試験にのぞむ学生のような気持で城へと向かった。

まず下の城跡にある淡路文化史料館を訪ね、洲本城の関係史料を閲覧させていただいた。

下の城から山上の城までは東西に「登り石垣」を配し、上下一体となって城を守る構えを取っているが、残念なことに老朽化が進んでいるので石垣ぞいに登ることはできない。

そこで自然歩道として整備された登山道を行くことにした。

登山口には本丸まで七百メートルの標示がある。カゴノキやイヌマキ、スダシイなどの高木がうっそうと生い茂る道を歩いていると、道の側に大きな岩石が露出していた。恐竜時代の末期に海に堆積していたもので、岩石の断面を見ると小石や泥が積み重なって出来たことがよく分る。

険しい道を二十分ほど登ると、洲本城の高石垣がそびえていた。

本丸西側の石垣で、崩落の危険があるので近付かないようにという注意書きがあり、コンクリートの柵まで設けてあった。

正面には桝形の石垣が往時のままの形をとどめている。そこを入ると本丸の守りを強化するための武者走りがあり、天守台下の虎口へとつづいていた。

本丸は東西およそ八十メートル、南北およそ九十メートルの長方形で、周囲をすべて石垣で囲った堅固な造りである。

城下に面した北側には、天守台と小天守台があり、その間を幅五間（約九メートル）の通路で結んでいる。

小天守を通って天守閣に登る築城法は江戸初期に用いられたもので、守りを強固にするばかりでなく、城の美しさを見せつけて城主の権威を高める効果もあった。

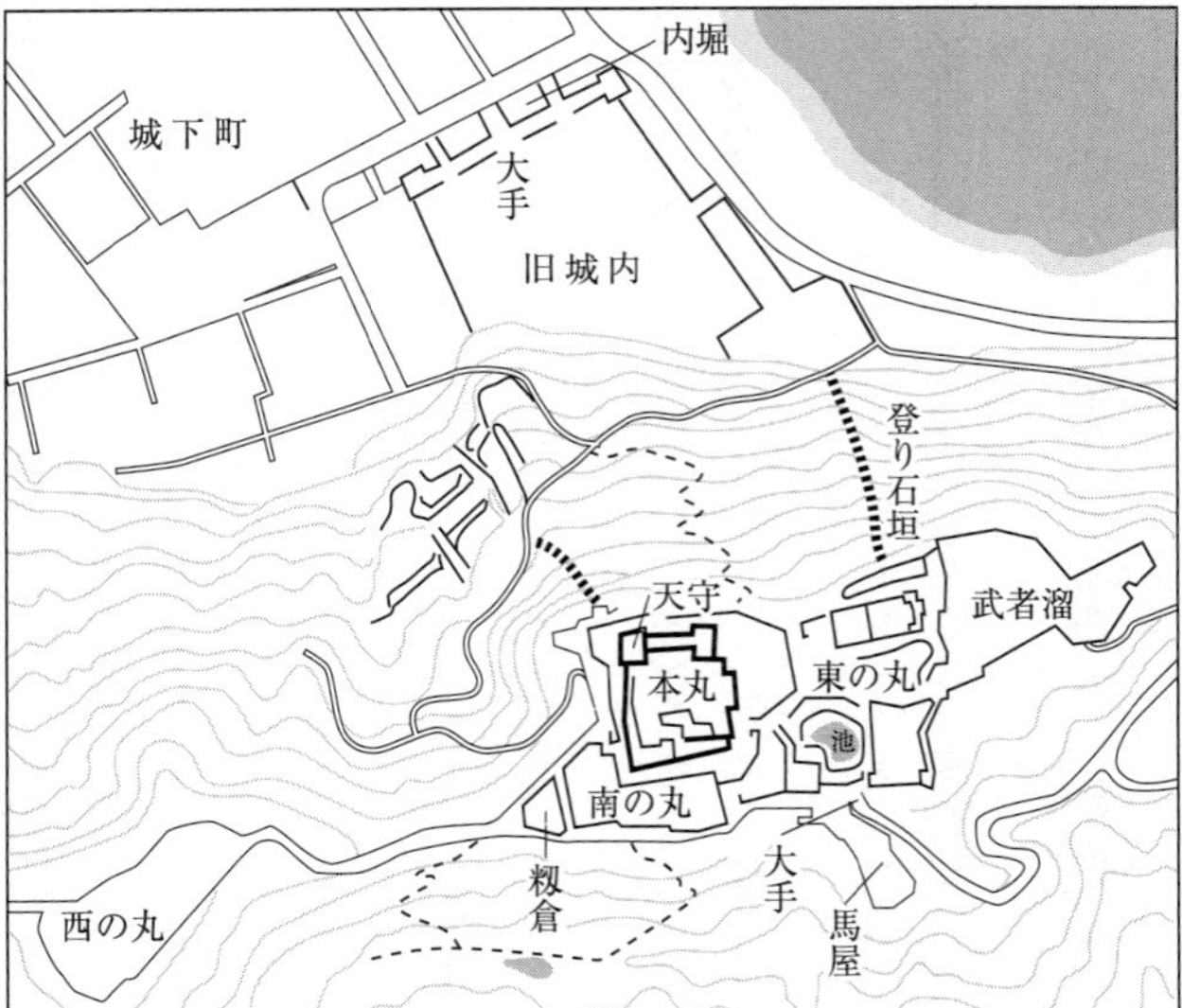

洲本城

ところが洲本城の天守や小天守を描いた史料は発見されていないというので、石垣だけは築いたものの建物を建てるのは断念したのかもしれない。

天守閣からは眼下に港を見渡すことができた。目を東に転じれば、紀淡海峡や紀伊半島をのぞむこともできる。

西国で城に天守閣を備えるようになったのは、海上を通る船を見張るためだという説があるが、なるほどと思わせる眺望だった。

本丸の東側の石垣は中央が外に張り出している。これは石垣を登ろうとする敵を側面から攻撃するためで、洲本城の守りが大阪湾から攻め寄せて来る敵を念頭に置いていたことが分る。

本丸の南側には頑丈な桝形があり、堅固な石段を下りると南の丸が広がっていた。

城下の反対側からの攻撃に備えたもので、高石垣と石塁を築き、ひときわ厳重に守りを固めている。

南門の手前には広々とした馬場が設けてあり、大手門と呼ばれる虎口を配してある。

しかし、城主の居館や城下町が北側にあることを考えれば、南側に大手門があるのはいかにも不自然である。

城の西側の桝形か北側の八王子木戸を大手門とするのがふさわしいと思えるのだが、南門の構えがひときわ厳重だったことは古城図からもうかがえる。

これは大阪湾から攻め寄せた敵が、北側の城下ばかりでなく、南側の古茂江湾《こもえわん》から上陸すると想定していたからだろう。

城は東からの攻撃に備えて作られていると記したが、東側の海岸には船を着けられる港はない。

海上から攻め寄せるには、いったん城下か古茂江の港に船で乗り付け、山裾を回り込まなければならないのである。

こうした攻撃にさらされた場合、傾斜の急な北側よりなだらかな南側が主戦場になることは容易に想像できる。

そこで合戦の危険が日常的だった脇坂安治の頃には南門の防備に主眼を置き、合戦の危険が去った寛永年間の改修では城下の側の門の整備を優先したのではないだろうか。

東の丸は本丸の二倍近くの広さがある。

北側には八王子木戸とふたつの小さな曲輪を配し、東側は高石垣を築いて東二の門と呼ばれる桝形門を開けている。

南側には日月池と日月井戸が涸《か》れることなく水をたたえていて、現在は公園として利用されている。

山城にこれほど大きな池があるのも珍しい。洲本城には他にも数ヶ所に井戸があるが、籠城戦の際には日月池がもっとも重要だったはずで、東の丸はこの水の手を守る役目も荷っていたのである。

東二の門の外には武者溜《むしやだまり》がある。戦の際に城兵を待機させたり勢揃いをするための場所である。

現在気象庁の測候所が置かれている（二〇〇三年に特別地域気象観測所へ移行し、二〇一七年に移転）ほど広い曲輪で、東一の門によって城外へと通じている。

山城での戦は、守備を固めただけでは足りない。敵の状況を見ていつでも打って出る構えを取っていなければ、戦に勝つことはできないのである。

武者溜や馬場はそうした場合の出撃拠点になるもので、この二つが東と南に設けられているのも、この方面からの攻撃に備えてのことなのである。

洲本城の曲輪はこれだけではなかった。

西の端には籾倉《もみぐら》と呼ばれる食糧庫の跡があり、その外側の尾根の道が西の丸へとつづいている。

距離はおよそ二百メートルほどだが、左右が切り立った崖になっていて、所々に石垣を組んで敵の侵入を阻んでいる。合戦ともなれば、道の両側に柵を立てて守りを固めたにちがいない。

西の丸も高熊山の山頂部にあり、本丸よりやや標高が高い。周囲には高さ五メートルほどの石垣をめぐらしているが、これはどうやら江戸初期に築かれたもののようである。

本丸や南の丸などの石垣には小ぶりの石を用いた穴太積みの特徴が残っているので、脇坂安治の頃に大規模な山城として築かれ、江戸初期の改修によって今のような形に整備されたことがうかがえる。

それにしても、安治はいつ頃どうして西日本最大の要塞といわれる城を築いたのだろうか。

安治は天正十三年十月に秀吉から洲本城主に任じられ、天正十五年（一五八七）の九州攻め、同十八年（一五九〇）の小田原攻め、文禄元年（一五九二）から始まった文禄・慶長の役にも水軍を率いて出陣している。

慶長五年（一六〇〇）の関ヶ原の合戦では西軍に属したが、小早川秀秋らとともに東軍に内応し、本領を安堵された。

伊予大洲城主として五万三千五百石を与えられるのは、慶長十四年（一六〇九）九月のことである。

洲本城主の頃の所領は三万石。合戦の際には九百名の将兵をひきいて参戦する程度の小大名だから、これほど大きな城を独力で作れるはずがない。

天下人となった秀吉か家康の命に従い、充分な援助を受けて築城したものと見るべきだろうが、はたしてその時期はいつなのか。

いろいろな可能性が考えられるが、関ヶ原の合戦後に家康が張りめぐらした大坂城包囲網の一環として築かれたと見るのが、もっとも妥当なようである。

この時期家康は丹波篠山城、伊賀《いが》上野城、尾張名古屋城などの普請を諸国の大名を動員して行なわせ、豊臣家との合戦に備えるが、大坂城の対岸に位置する洲本城の重要性も充分に認識していたはずだ。

そこで他の大名に加勢を命じ、従来の城を大幅に改修して堅固な要塞にした。大阪湾からの攻撃に備えて異常なまでに強固な防塁を築いていることが、このことを裏付けているように思えるのである。

その夜は古茂江港の近くのホテルに泊った。洲本温泉の南のはずれで、目の前の港はサントピアマリーナというヨットハーバーになっている。

洲本城のことばかり考えているせいか、港に係留された何十艇ものヨットが、淡路水軍の軍船のように見えたものだ。

夕食には市内に出て、八幡《はちまん》神社の近くの寿司屋《すしや》に立ち寄った。

御食国の実力やいかにと気合を入れて注文したが、出された魚はどれもおいしかった。中でもウニと鯛《たい》は絶品で、平目もキスも身が透き通るほど新鮮だった。刺身のつまに付けられたわかめも、薄くて柔らかくて味が濃い。

都美人という地酒を飲みながら、海の幸を心ゆくまで堪能させていただいた。

戦国時代史においては注目度の低かった淡路島が、突然脚光をあびる事件が天正十年（一五八二）に起こった。

信長が三男信孝を総大将とする三万余の四国遠征軍を送ることにしたからである。天正三年（一五七五）以来、信長は阿波を本拠地とする三好三人衆や石山本願寺に対抗するために、土佐の長宗我部元親《ちようそかべもとちか》と同盟を結んでいた。ところが石山本願寺が大坂から立ち退き《の》、三好家の重鎮である三好康長《やすなが》（長慶の叔父）が信長方になると、元親の勢力拡大に警戒の目を向けるようになった。

そこで元親に書状を送り、土佐一国と阿波の南半国だけの領有を認めると通告したが、元親はこれを不服として信長と断交した。

信長が四国遠征軍を送ることにしたのはそのためだが、これは明智光秀にとって由々しき事態だった。

なぜなら光秀は天正三年以来元親と信長の取次ぎ役を務めていたので、自分の意向を無視して土佐攻めが行なわれると面目が丸潰れになる。

しかも、斎藤利三《としみつ》のように長宗我部家と姻戚関係を結んでいる家臣も多いので、心情的にも土佐攻めには同意できなかったが、信長は光秀の意向を無視して事を進めた。

天正十年五月七日付けで信孝あてに発給した朱印状には、信孝には讃岐国、三好康長には阿波国を与え、伊予、土佐両国の処遇については、信長が淡路島に出馬した時に決めると記している。

そこで信孝は六月一日に泉州岸和田城に入り、二日の淡路渡海に備えたが、その当日に本能寺の変が起こったために出陣は中止となった。

これは決して偶然ではない。光秀が信長を討ったのは、長宗我部家とも綿密に連絡を取り合ってのことだったのである。

この時、いち早く光秀方となって洲本城を占拠したのは、淡路水軍の有力者である菅《かん》平右衛門《へいえもん》だった。

ところが、中国大返しを成し遂げた秀吉が島の北端にある岩屋城《いわやじょう》を確保し、全島への調略を開始すると、光秀方となっていた者たちはあえなく降伏した。

このために長宗我部元親は畿内に出兵することができなくなり、山崎の合戦での光秀方の大敗を招いたと言われている。

天正十三年八月、秀吉は洲本城を拠点として四国征伐を行ない、長宗我部元親を降伏させた。

この時の功によって仙石秀久は高松へ転封となり、脇坂安治が洲本に入封することになった。

淡路島は明石海峡と鳴門海峡、紀淡海峡を扼する要所に位置しているだけに、洲本城のような堅固な要塞が築かれたのだが、畿内や四国の政情に翻弄《ほんろう》されることも多かった。

頻繁な城主の交替と重層的に築かれた山城が、そのことを雄弁に物語っているのである。

第十二章　中世の自由と山城の終焉　〈紀州根来寺〉

紀伊国は古くは木国《きのくに》と呼ばれていた。

国の大半が山間部で、雨量が多く気候温暖なので、森林の育成に適していたからである。

また西は紀伊水道、南は黒潮が流れる熊野灘に面していて、太平洋水運の中心地としての役割も果たしていた。

この地が古くから東南アジア方面との交易があったことは、仁徳天皇の時代に渡来した裸形《らぎょう》上人が青岸渡寺《せいがんとじ》（那智山《なちさん》）を開いたという伝承からもうかがえる。

寺の末寺には補陀落渡海《ふだらくとかい》で知られる補陀洛山寺《ふだらくさんじ》があるが、この西方浄土へ向かう決死の行も、裸形上人が始めたと伝えられているのである。

紀伊国は信仰の地でもあった。

南部には那智山や熊野三山があり、北部には高野山金剛峯寺《こうやさんこんごうぶじ》、粉河寺《こかわでら》、根来寺、紀三井寺などの名刹がひしめいている。

中世以降はこれらの寺社を中心とした自治組織が生まれ、互いに連携したり反発したりしながら、紀州惣国《そうこく》一揆を形成していくのである。

一国規模の一揆といえば、「百姓の持ちたる国」といわれた加賀の一向一揆が有名だが、紀州惣国一揆はそれに勝るとも劣らない伝統と内実を備えていた。

政治と宗教とが渾然一体となり、地域の自治と自立とが高いレベルで保障されていたことに中世の特長があり、それを守ることに山城の使命があったとするなら、実は紀州一国が山城であったと言うことができるかもしれない。

それゆえ中世的世界観を打ち破り、天下統一によって近世国家の樹立をめざした織田信長や豊臣秀吉と対立せざるを得なかった。

また黒潮に面した太平洋水運の要地であったことも、史上における紀州の存在を際立たせる要因となった。

陸地に暮らしていると想像しにくいが、太平洋沿岸の土地は黒潮という時速六キロの速さで流れる天然のベルトコンベアで緊密に結ばれ、薩摩から房総半島にかけての交易がはるか昔から行なわれていた。

我々は日本地図を不動のものと考えがちだが、もし陸路と海路の連絡の速さや物資の輸送量を基準とした地図を作ったなら、交易の実態がよりビジュアルに把握できるはずである。

その地図では、薩摩と熊野、房総半島の距離はぐっと近く、弓なりに湾曲した形で太平洋が表されるだろう。

薩摩から船を出せば、熊野まではおよそ七日で達するという。徒歩ではその間に北九州まで行くのが精一杯なのだから、地図上では両者が同じ距離で表示される。

これを見れば、薩摩と熊野が古くから密接な関係にあったことがうなずけるはずである。

たとえば神武《じんむ》天皇が九州から東征軍を起こした時、熊野の八咫烏《やたがらす》がいち早く案内役になったのも、両者に東征以前から何らかの交渉があったことを推測させる。

また戦国時代に種子島に伝わった鉄砲が、翌年には紀州の根来に伝えられていることも、この地図をもとに考えればさして不可解なこととも思えない。

中世の人々の生き方と水運のあり方に視点を据えて山城をめぐり歩いてきた旅を終えるに当たり、紀州の根来寺を訪れることにしたのは、この寺こそもっともテーマにふさわしいのではないかと思ったからである。


取材には再び担当編集者が同行してくれることになった。

八月三日の午前八時に羽田空港で待ち合わせ、九時十分発の飛行機で関西空港に向かった。

そこからリムジンバスで和歌山まで行き、駅の地下食堂で昼食をとった。和歌山ラーメンとさんま寿司のセットで七百五十円なのだが、これが期待以上においしかった。

ラーメンは濃《こく》のあるスープだが、くさみやしつこさがまったくなく、後味もさっぱり

N
根来寺
多宝塔
菩提峠
錐鑽不動
愛宕山
昭和の森
根来街道
大門池
歴史民俗資料館
下井阪駅
根来川
24
JR和歌山線
岩出町役場
紀ノ川
岩出駅
0
0.5
1km

根来寺周辺図

としている。さんまは脂が乗り丸々と太っていて、さすがは黒潮で鍛えられた奴《やつ》だと感心した。

柿の葉寿司もそうだが、紀伊半島の食文化の水準は高い。派手さはないが、旬のものを旨《うま》く食べるコツを心得ているという感じがするのである。

駅の近くでレンタカーを借り、紀ノ川ぞいの道を上流へと向かった。

紀ノ川は奈良県の大台ヶ原山《おおだいがはらさん》に源を発した吉野川が、和歌山県に入って名を変えたものである。

河の両岸には広々とした平野が広がり、水量も豊かで川の高低差も少ないので、古くから川船輸送が発達した。

江戸時代には三十石船が、河口の和歌山市から五十キロほど上流の五條《ごじょう》市まで行き交い、物資輸送の大動脈となっていた。

川の北側には和泉山脈が、南側には竜門山《りゅうもんさん》や飯盛山《いいもりやま》を中心とした山地がつづくが、平野の広さは高野口のあたりまでほとんど変わらない。

山と川と平野の恵みに浴した土地で、五條市から北へ向かえば大和、奈良へ通じているし、そのまま東へさかのぼれば高見峠を越えて伊勢へと達することができる。

もう十五年以上も前だが、私はこの道を踏破し、畿内のマッターホルンと呼ばれる高見山に登ったことがある。

その名にもとらず登るにつれて勾配は険しくなったが、山頂からのながめは息を呑むほどに美しかった。

折り重なってつづく山々をながめていると、紀伊半島の雄大さが胸に迫ってきて、神秘的としか言いようのないほどの感銘を受けたものだ。

和歌山駅から根来寺まではおよそ十五キロ、車では三十分たらずの距離である。

カーナビに導かれるまま国道二十四号線から、県道六十三号線（根来街道）に入り、二キロほど北に進むと覚鑁《かくばん》上人ゆかりの古刹があった。

根来寺は高野山の内紛から生まれた寺である。

高野山中興の祖といわれる覚鑁上人は、長承《ちようしよう》元年（一一三二）に鳥羽《とば》上皇の庇護のもとに大伝法院《だいでんぽういん》を建て、真言密教の教学の確立をはかった。

彼の教えは後に新義真言宗と呼ばれるようになるが、これには古義真言宗を受け継ぐ金剛峯寺の衆徒の反発が強く、両派の抗争がくり返されるようになった。

争いはやがて「錐揉《きりもみ》の乱」と呼ばれる大暴動となり、大伝法院をはじめ八十余坊が焼討ちされたために、覚鑁は高野山を逃れて根来の地に移った。

この地に創建した一乗山円明寺《えんみようじ》が根来寺の母体となり、正応元年（一二八八）には大伝法院や密厳院《みつごんいん》が高野山から移され、新義真言宗の総本山としての威儀をととのえていった。

寺はその後発展をつづけ、戦国時代には寺領七十二万石、堂塔坊舎二千七百、僧兵一万余人を擁する大勢力となった。

僧兵たちがいち早く鉄砲で武装し、根来鉄砲衆の名を天下にとどろかすことができたのも、根来寺の潤沢な経済力のお陰だった。

ところがその力が災いし、天正十三年（一五八五）に秀吉軍の焼討ちにあい、寺の大半は焼失したのである。

車を駐車場に入れて境内を散策した。

参道の入口に近い所に八角形の不動堂があった。

嘉永《かえい》三年（一八五〇）に再建されたもので、中に安置された不動尊は「厄除《やくよけ》身代り不動尊」と呼ばれている。高野山の内紛の時に、この不動尊が身代わりとなって覚鑁上人を助けたという伝承によるものである。

参道を北へ進み、大谷川を渡った所に、大師堂、大塔（多宝塔）、大伝法院が並んでいる。

いずれも秀吉の焼討ちの際に類焼をまぬかれたもので、大塔は天文十六年（一五四七）に完成した当時の姿のままである。

この大塔は真言密教の教義を形で表したもので、高さ約四十メートル、横幅約十五メートル。規模の大きさといい形の美しさといい、往時の根来寺の隆盛ぶりを今に伝えるものである。

大伝法院は焼失をまぬかれたものの、秀吉の命によって解体され、三尊像とともに運び去られた。

現在あるのは文政十年（一八二七）に再建されたもので、本尊の大日如来《だいにちにょらい》を中に置き、左に金剛薩埵《こんごうさつた》、右に尊勝仏頂尊《そんしょうぶっちょうそん》を安置してある。それぞれに鳥羽法皇、待賢門院《たいけんもんいん》、美《び》福門院《ふくもんいん》の遺髪を納めてあるという。

鳥羽法皇は覚鑁上人が高野山に開いた大伝法院に所領を寄進したり、根来に開いた円明寺を勅願寺にするなど、異常なばかりの肩入れをしているが、その理由はいったい何だったのだろう。

寺伝などでは、夢に覚鑁上人とおぼしき方を見て病状が回復したために深く帰依《きえ》するようになったというが、もっと政治、経済に関わる理由があった気がしてならない。

それは紀州の宗教的特異性や、太平洋水運の中心地であったこととも密接に結びついたもので、鳥羽法皇の崩御後に保元の乱を引き起こす原因にもなったと考えられるが、真相はなかなか見えてこない。

大胆な仮説に過ぎないが、藤原一門による朝廷支配を打ち破るために院政を始めた白《しら》河《かわ》、鳥羽、後白河《ごしらかわ》法皇の背後には、熊野を中心とした巨大な勢力がいたのではないだろうか。

そうとでも考えなければ、三人の法皇があれほど頻繁に熊野詣《くまのもうで》をくり返した理由が納得できないのである。

覚鑁上人の廟所《びょうしょ》である奥の院や、嘉永五年（一八五二）に再建された大門、根来鉄砲衆の拠点として有名な「杉ノ坊」の住坊だと伝えられる愛染院《あいぜんいん》などを訪ねたが、手応えはいまひとつだった。

根来鉄砲衆の武名の高さに比して、寺の構えがあまりにも平凡なのである。寺は城でもあったのだから、高石垣や防御の設備が残っているだろうと期待していたが、そうした形跡はほとんどない。

秀吉の焼討ちによって寺が壊滅したとはいえ、地形からさえ城の構えを想像できないのはいかにも残念だった。

きっと何かを見落としている。そんな気がして翌日もう一度調べ直してみることにした。

その夜は和歌山市内の居酒屋へ行き、たまたま隣り合わせた地元の人と歴史談義となった。

近年の根来寺の発掘調査で火薬の貯蔵庫が発見されたという話を聞き、担当編集者と二人でにわかに活気づいた。紀州人気質《かたぎ》や黒潮ルートによる民族移動の話でも大いに盛り上がった。

紀州の人々は血が熱い。そうして胸の底に名状しがたい憤《いきどお》りを抱えているようだ。彼の話を聞きながら、私はふと中上健次の『枯木灘』をはじめとする一連の作品を思い出した。

息苦しいような土着性と、海の彼方を望む国際性が矛盾なく同居しているのも、黒潮のせいなのかもしれない。


翌日、県の教育委員会文化遺産課をたずね、根来寺の発掘調査の結果についてうかがった。昨夜聞いた火薬の貯蔵庫の所在を確かめたかったからである。

文化遺産課では三人の職員の方に丁寧な説明をしていただいた。一九九五年に発行された『根来寺坊院跡』という発掘調査の報告書もいただいた。

その結果分ったのは、およそ次のようなことである。

根来寺は「北山」と呼ばれる峰々と、東西に伸びる「前山《まえやま》」にはさまれた盆地状地形に位置し、西に大門、東の菩提峠に東大門、北の押川《おせがわ》に北大門、前山に南大門を配置して守りを固めていた。

その範囲は、南北の山塊も含めれば東西一・七キロ、南北一キロにも及ぶ。谷の地形を利用して外敵の侵入を防ぐ構えは、越前一乗谷とまったく同じである。

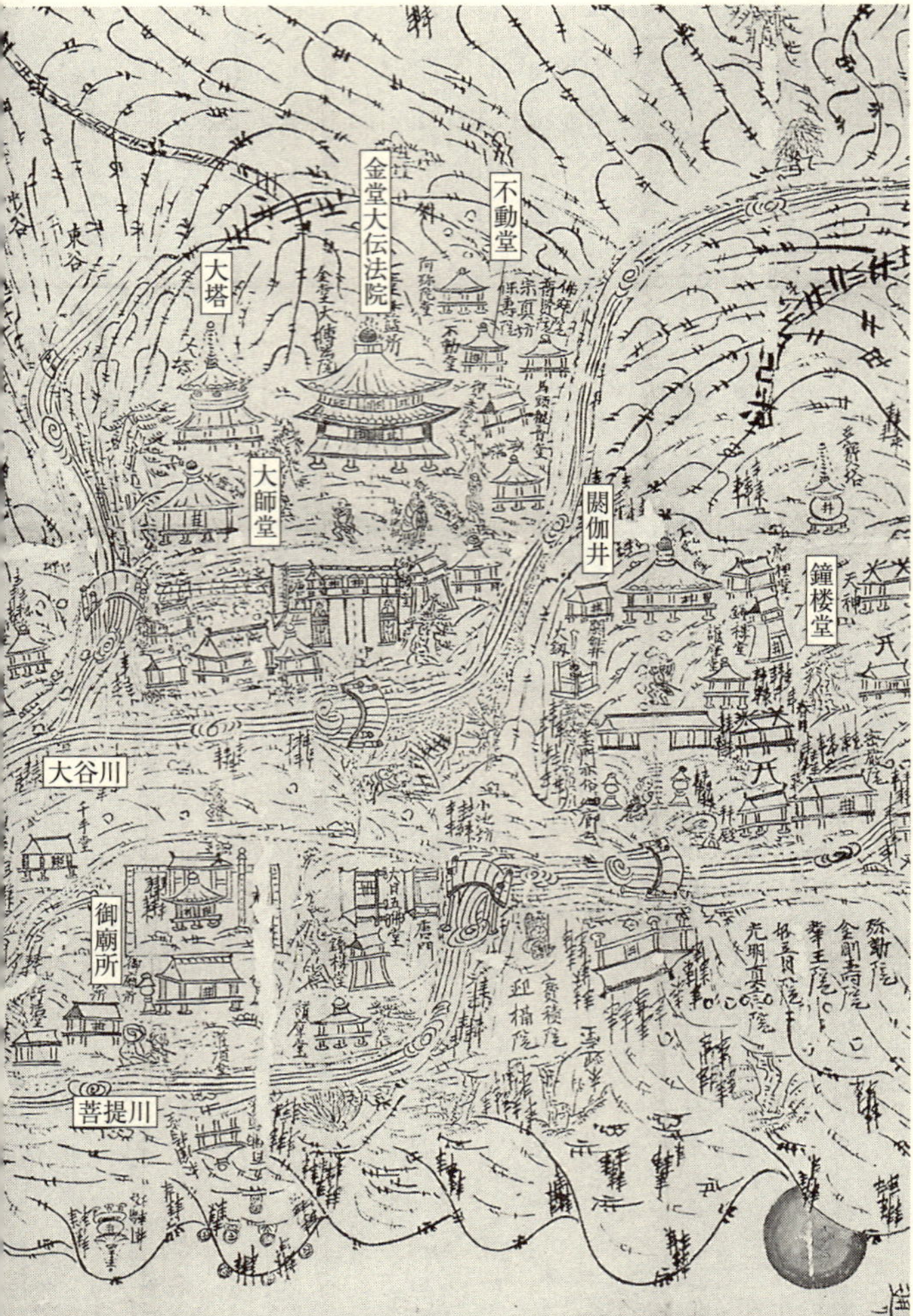
金堂大伝法院
不動堂
大塔
大師堂
閼伽井
鐘楼堂
大谷川
御廟所
菩提川

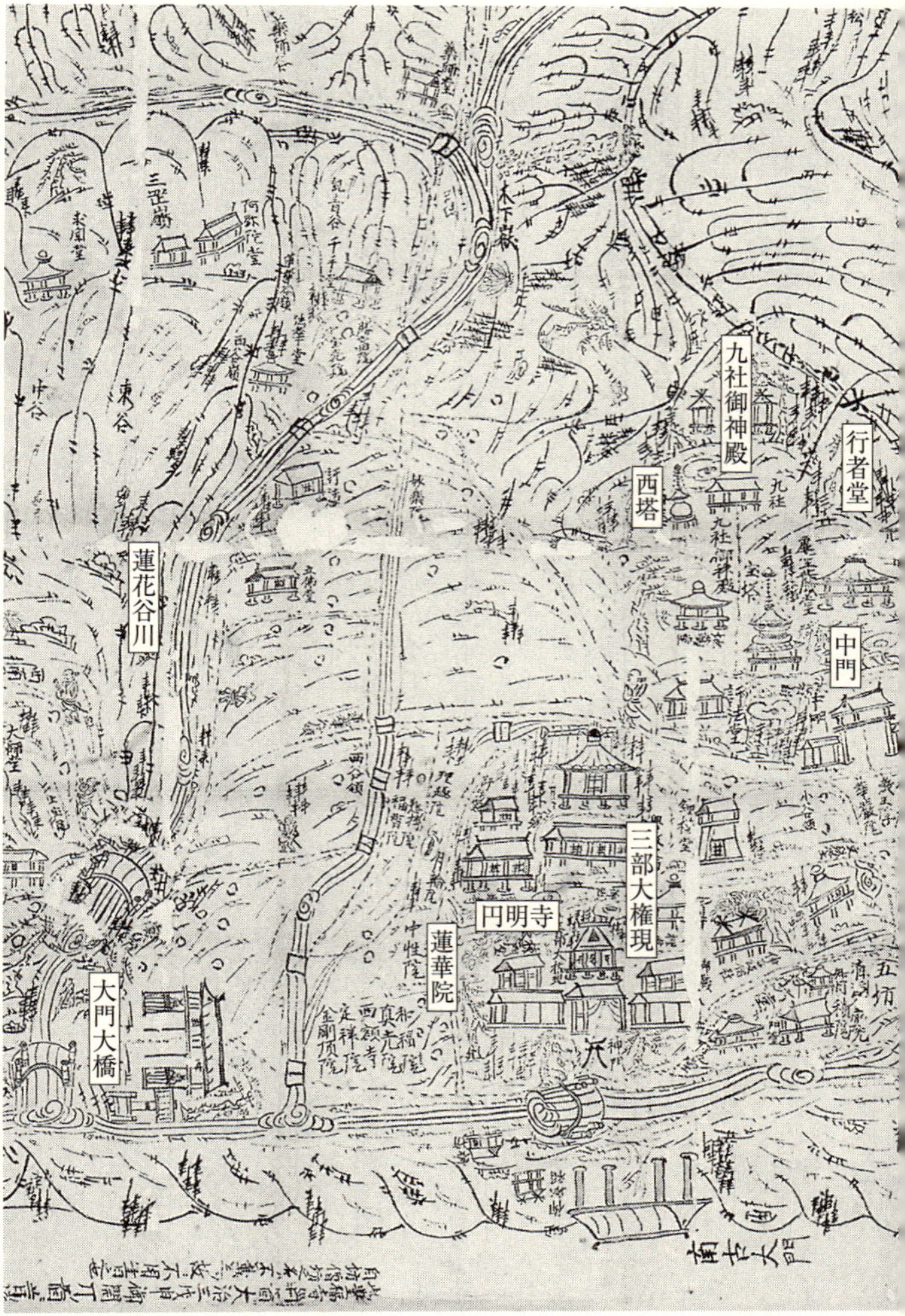

根来寺伽藍古絵図（『根来寺』根来寺文化研究所）

だが近年の農道や県道の建設、宅地造成などによって西側の山筋が大幅に削り取られたために、往時の城構えの様子をうかがうことができなくなった。

また大門の西側には西の山城と呼ばれる城があり、この方面から攻めて来る敵に備えていたが、今はゴルフ場になっている。

発掘調査では二十一個も並んだ甕や半地下式倉庫が見つかったが、これが火薬庫であったかどうかは分らない。むしろ酒や油、食糧などの貯蔵庫であった可能性のほうが高いのではないかという。

根来の鉄砲衆は有名だが、数度の発掘調査でも鉄砲鍛冶が行なわれていたと証明できる遺構は発見されていない。

鉛弾が作られていた跡や野鍛冶の跡は見つかっているが、大量に鉄砲を生産していた形跡はないというのである。

発掘を担当された職員の方々は、あくまで調査結果に忠実に論を立てておられるのだが、根来鉄砲衆が用いた大量の鉄砲や火薬の痕跡がないとは解《げ》せないことだった。

根来に鉄砲が伝わったいきさつは、第八章で記したとおりである。

種子島に鉄砲が伝来した翌年、根来寺杉ノ坊の津田監物が鉄砲一挺を入手し、刀鍛冶芝辻清右衛門に依頼して鉄砲の製法を解明させたのである。

もし根来で鉄砲の生産が行なわれていなかったとすれば、紀州の鉄砲の大半は『昔阿波物語』が伝える通り薩摩から買いつけたのだろうか。

和歌山市立図書館を訪ねて関係資料に目を通し、再び根来寺へと向かった。

まず大門と、大門池の位置を確かめた。

大門池は寺の西側を流れる蓮花谷川《れんげだにがわ》から水を引き入れて作ったもので、この川と池とで外堀の役目を果たしている。

しかも昔は蓮花谷川ぞいに走るなだらかな山が土塁の役割を果たし、南に連なる前山のすぐ近くまで迫っていたというから、その間を大門や土塀でふさげば、この方面の防御は万全だったことだろう。

何より門の外に大池を配した発想が秀抜である。

この地方には灌漑《かんがい》のための溜池《ためいけ》が数多くあるが、そのほとんどが土木技術を身につけていた寺の僧たちの指導によって作られたものと思われる。

大門の外に溜池を作ったのは、単に防御を固めるためだけでなく、民衆利福のシンボルともいえる溜池を配することで、寺の拠って来たる由来を示そうとしたのかもしれない。

池と川と大門と前山の配置の妙を何とか写真で伝えられないものかと、夏草を踏み分け、電柱によじ登ったりしながらポイントを捜したが、あまりいい映像は残せなかった。

これさえ紹介できればと思うのは、『根来寺坊院跡』に掲載されている上空からの写真である。まだ西側の山が削り取られる前の写真なので、根来寺の防御の構えが一目で分る。

興味のある方は、県の教育委員会に問い合わせていただきたい。

次に根来のゴルフ場を訪ね、ここにあったという西の山城の防御に思いを馳せた。

平地との標高差は十五メートルほどしかないが、東と南の斜面は険しく切り立っていて、北には住持ヶ池《じゅうじがいけ》、西には中左近池《なかさこんいけ》を配して外堀としている。

しかも前山の先端に築いた砦と連携して、東西から根来街道を扼する構えを取っているので、この方面から攻め込むのは容易ではなかったはずだ。

そのことは天正十三年三月に根来寺に来襲した秀吉軍も熟知していたようで、根来街道からではなく押川から間道を通って寺に攻め込んでいる。

城構えについてはようやく納得がいったが、解せぬのは根来寺で鉄砲が作られていた形跡がないことである。

これはいくら境内を歩き回ったところで今となっては確かめようもないが、どこかに鉄砲生産の工場や火薬の貯蔵庫があったような気がしてならない。

なぜなら、他にさきがけて鉄砲生産の技術を収得した杉ノ坊の津田監物が、これほど旨みのある商売をそっくり手離すはずがないと思うからだ。

それに堺が信長の支配下に入った後は、堺からの鉄砲や火薬の入手はほぼ不可能になっていたにもかかわらず、根来、雑賀の鉄砲衆は信長や秀吉への抵抗をつづけている。その供給をすべて薩摩に頼っていたと考えるより、自前で作っていたと見るほうが合理的ではないだろうか。

鉄砲は現代の道具のように耐久性に優れたものではない。火薬の爆発力によって引金や火挾《ひばさみ》などの機関部が壊れることはしょっちゅうだったし、鉛弾を撃つ際に鉛が熱で溶けて銃身の内側にこびりつく。

この鉛を杖《かるか》でこそぎ落としながら鉄砲を使うのだが、定期的に分解掃除をしなければ長期間の使用には耐えられなかった。

こうした需要に応えるための鉄砲鍛冶が身近にいなければ、根来の鉄砲衆があれだけ華々しい活躍ができるはずがないと思うのだ。

それにたとえ火薬を薩摩からの輸入に頼っていたとしても、火薬の貯蔵庫は絶対に必要である。どの城にも煙硝蔵があるように、根来寺にも同様の施設があったはずだ。

では、なぜ鉄砲が作られていた形跡が残っていないのか。

理由は二つ考えられる。ひとつは秀吉軍に攻められる前に、根来衆が跡形も残さず鍛冶場を引き払ったことだ。

鉄砲生産の技術は秘中の秘だし、ある特定の技術者集団が技術を独占していただろうから、秀吉軍の来襲が近いと知って金屑《かなくず》一つ残さずに脱出したのではないだろうか。

少しでも鍛冶場の材料を残せば、鉄の焼入れ加減や銃身の切削工程などが秀吉方の鍛冶職人に察知されるおそれがあるからである。

もうひとつ考えられるのは、根来を占領した秀吉軍が鍛冶場を徹底して破壊したということだ。

秀吉軍は二千七百余といわれる堂塔坊舎をことごとく焼き払ったのみならず、焼け残った大伝法院や大門を解体して持ち去っている。

ルイス・フロイスの『日本史』によれば、根来寺の住居や寺院は日本の寺院の中でも最も立派に鍍金《めっき》や装飾をしていたというから、秀吉軍の雑兵たちは焼跡から金目のものを見つけ出そうと血眼になったことだろう。

その際、鍛冶場に残った金属片なども残さず持ち去ったのかもしれない。

あるいは根来鉄砲衆のしぶとさを憎悪した秀吉が、彼らの再起を不可能にするために鍛冶場を徹底的に破壊させたのではないだろうか。

秀吉軍と根来衆の激戦が行なわれた泉州では、根来方の寺や村に住む者は皆殺しにされ、地形が変わるほどに破壊されたという伝承がいくつも残っている。

そうした方針であれば、根来鉄砲衆の本拠地を跡形も残さず破壊したことも充分に考えられる。

火薬の貯蔵庫については諸説があるようだが、境内の二十数ヶ所から発見された半地下式倉庫がこれに当たるのではないだろうか。

この倉庫に共通した特徴は、周壁すべてが火を受けて赤変していることだという。〈この火を受けた壁はこれまで天正の兵火によるものと考えられてきたが、均一に焼けていることや埋置した備前焼大甕に火を受けた痕跡がないことなどから、火災によるものではなく、防湿、壁面強化などの意図を持って焼いたものとみられる〉（『根来寺坊院跡』）

このあたりの研究をもう少し進めていただければ、この半地下倉庫の用途も明らかになるはずである。

最後に根来街道を通って風吹峠《かぜふきとうげ》まで行ってみた。

この道は根来寺と泉州を結ぶ主要道路で、秀吉軍もこの道を通って紀州に入ったのである。

だが今では県道の拡張工事や砂利の採取のために山が削られ、当時の面影はほとんど残っていない。

峠の下のトンネルをくぐり、泉南市に向かってしばらく走ったが、信達童子畑《しんだちわらずはた》まで行って引き返すことにした。

天正十三年三月二十二日、信達に着陣した秀吉軍は、翌二十三日に根来寺を焼討ちにした。

根来衆は、泉州南部を死守しようと近木川《こぎがわ》ぞいの沢城《さわじょう》、積善寺城《しゃくぜんじじょう》、千石堀城《せんごくぼりじょう》などに立て籠って防戦したが、総勢十五万といわれる秀吉軍の前に大敗し、あっけなく防御線を破られた。

これを聞いた根来寺の者たちは、寺を捨てて四方へ逃げ散った。根来衆の主力は泉州に出陣していたし、雑賀の一向一揆はすでに秀吉方となっていたので、孤立無援の戦をしても勝ち目がないと思ったからだ。

秀吉軍は根来寺を焼き尽くし、寺領をことごとく没収した後、粉河寺も焼討ちにして高野山に攻め登る構えを見せた。

四月七日、秀吉は高野山に使者を送って降伏の条件を示した。

一、年来横領してきた所領を元の所有者に返すこと。

一、武器を蓄えることなく、ひたすら学問に励むこと。

一、朝敵や国敵を山中に匿《かく》まうときは同罪とすること。

この三ヶ条に応じなければ、根来寺のように焼討ちにすると迫ったのである。

高野山ではこれを受け入れることにし、四月十六日に木食応其《もくじきおうご》を使者として降伏を申し入れた。信長に対しては荒木村重軍の残党の引き渡しを拒み通した高野山も、ついに秀吉の軍門に下って守護不入の権利を放棄したのである。

同じ頃、秀吉は紀州惣国一揆に加わった者たちに対して刀狩りを行なっている。

〈在々百姓ら、今より以後、弓箭《ゆみや》、鑓《やり》、鉄砲、腰刀など、停止《ちょうじ》せしめおわんぬ。然《しか》る上は、鋤《すき》、鍬《くわ》など農具をたしなみ、耕作を専《もっぱ》らにすべきもの也《なり》〉

秀吉が発した朱印状が、兵農分離の意図を明確に示している。

三年後に発した「刀狩令」の先駆けとなるものだが、この命令によって惣国一揆の者たちは自分の村は自分で守るという自立、自治の権利を奪われたのである。

根来に鉄砲を伝えた津田監物の子照算《しょうさん》は、杉ノ坊の院主となり自由斎と名乗っている。

彼らにとっての自由とは、自主、独立の権利を守り抜くことに他ならない。自由斎の名乗りには鉄砲によって自由を守り抜くという気概が込められていたのだろうが、根来寺は秀吉軍の圧倒的な軍事力の前に壊滅を余儀なくされた。

それは正しく中世の自由と山城時代の終わりを告げる象徴的な出来事だったのである。

追章　玄蕃尾城から賤ヶ岳へ　〈玄蕃尾城〉

過日、担当編集者のA君から相談を受けた。

「弊社で刊行している『戦国の山城をゆく』を再刊したいのですが、よろしいでしょうか」

「それは大変有難いけど、もう二十年近く前の仕事だよね」

「初版は二〇〇四年ですから、ちょうど二十年前です。しかし少しも古くなっていないと思います」

この言葉ほど歴史小説家にとって嬉しいものはない。しかもA君は思ったことしか言わない性格なのでなおさらである。

「それは二十年前に追究しようとしていたことが、ようやく一般的になったということかもしれないね」

私はいささか調子に乗って自賛したが、A君はにこりともせずに話をつづけた。

「しかし今読み返してみると、少しもの足りない感じがします。そこであと一ヶ所、山城を取材して新稿を加えていただくことはできないでしょうか」

「二十年前の作品に、今から？」

「どこかありませんか。どうしても書いておきたいと思うようになった山城は」

思ったことしか言わないA君は、さっさと話を進めていく。

「それはあるよ。たくさんある」

戦国時代を背景とした小説を書いているので、取材のために訪ねた山城は十や二十どころではなかった。

「その中でも、これぞというものを書いて下さい。もちろんボクも取材に同行しますので」

「それなら玄蕃尾城《げんばおじょう》だね。賤ヶ岳の戦いの時に、柴田勝家が本陣とした所だよ」

私はすっかり乗り気になり、前田利家の小説を書く時に作った地図をA君に示した。

越前から出てきた柴田勢約二万五千と、これを迎え討つ羽柴秀吉勢約四万五千が、北国《ほっこく》街道にせり出した尾根に陣城を築いて対峙している様子を、国土地理院の二万五千分の一の地図に落とし込んだものである。

「これを見ると分るように、柴田勢の最前線は行市山《ぎょういちやま》、別所山《べっしよやま》、中谷山《なかのたにやま》の陣城を結んだ尾根。羽柴勢の最前線は余呉《よご》湖の北に突き出した神明山《しんめいやま》、堂木山《どうぎやま》と連なる尾根で、北国街道の東の東野山《ひがしのやま》までつづいていた。しかもここを見て」

私は地図に記した堂木山と東野山を結ぶ惣構えを指した。秀吉は勝家との決戦に備えて、長さ約六百メートル、幅五・四メートル、高さもおそらく五メートル近い惣構えを築いて、余呉や木之本《きのもと》の守りを固めていたのだった。

「ここに巨大な惣構えがあったことを前提に賤ヶ岳の合戦を考えると、従来言われているような佐久間玄蕃盛政の英雄譚や、前田利家の敵前逃亡説は成り立たないことは明白なんだ」

「まるでナポレオンの布陣図を見るようで血が騒ぎますね。ここにしましょう。スケジュールはいつが空いていますか」

話はトントン拍子に進み、六月三日にJR米原《まいばら》駅で待ち合わせることにしたのだった。

当日、私は京都の仕事場から出かけることにした。市内に仕事場を借りたのは四十六歳の頃で、もう二十三年になる。『戦国の山城をゆく』の取材もほとんど京都から出かけたものだ。

今回の取材には京都の友人に同行してもらうことにした。映画プロデューサー兼俳優のMさんである。

理由は三つある。ひとつは彼といると楽しいこと。しかも話が多方面に乱反射して、思いがけない輝きを放つことがある。ひとつは彼に玄蕃尾城を見てもらい、後日の参考にしてもらいたいこと。そしてひとつはMさんとA君は気が合うにちがいないと見込んだことだ。

Mさんも大いに乗り気で、

「誘っていただいて有難いっす。熊除《くまよ》けでも何でもやりますから」

どことなくくまモンに似た背中を丸め、膝の屈伸運動を始めたのだった。

米原駅で二人と合流し、タクシーで玄蕃尾城に向かうことにした。距離はおよそ四十キロ。所要時間は一時間弱である。

「お客さん、帰りはどうしますか。あんな所で車は拾えませんよ」

初老のドライバー氏が気遣ってくれた。

「そこまでは考えていませんでした」

A君は泰然たるものである。

「それならメーターを止めて待っていますから、ゆっくり取材して下さい」

このドライバー氏はただ者ではなかった。大型トレーラーに三十数年乗っておられたとかで、運転技術は超一流である。北陸自動車道に近い柳ヶ瀬隧道《やながせずいどう》を抜けた所で山道に入り、杉林の中の曲がりくねった狭い道がしばらくつづいたが、ドライバー氏の運転にまったく乱れはなかった。

やがて登城口にある駐車場に着いた。車を十台近く停《と》められるスペースがあり、城内の草刈りに来たとおぼしき作業車が四台あった。登城者のための仮設トイレも設置してあった。

「それでは行って参ります。往復で一時間半ほどかかると思います」

私は以前に取材に来ているので、だいたいの見通しをドライバー氏に伝えた。

「構いませんよ。ここで待っていますから、時間を気にせずに取材をしてきて下さい」

元気な声に励まされて、我々は城への道を登り始めた。城山の側面を縦に登るコースがしばらくつづき、息が上がるほどの急勾配だったが、半間（約九十センチ）ほどの幅の道はきちんと整備されている。近年では玄蕃尾城が山城ファンの人気を集めていて、訪ねる人も多いので、地元の自治体でも整備に力を入れているのである。

やがて尾根に出た。北国街道の柳ヶ瀬から北側の刀根《とね》に抜ける倉坂峠で、尾根には深い堀切をほどこして敵の侵入をはばもうとした痕跡がある。

越前の朝倉義景は、織田信長に攻められた浅井長政を救うために、八千余の軍勢をひきいて小谷城まで出陣した。ところが織田勢に大敗し、柳ヶ瀬から倉坂峠を越えて敦賀《つるが》に逃れようとした。

その途中の刀根坂のあたりで追いつかれ、三千とも四千ともいわれる将兵が討ち取られた。天正元年（一五七三）八月のこの戦いは刀根坂の戦いと呼ばれ、朝倉家が一乗谷城で亡びる結果につながったのである。

それから十年後に羽柴勢と戦うことになった柴田勢は、朝倉勢の轍《てつ》を踏むまいと倉坂峠の守りを堀切によって強化し、玄蕃尾城を改修して数万の軍勢が籠城できる要害に造り変えたのだった。

倉坂峠から尾根の道を北に進むことにした。堀切の底からはい上がるような険しい道をしばらく進むと、思いがけないほどなだらかな平坦地が広がっていた。しかも万余の軍勢が陣小屋を造れそうな奥行きと広がりがある。

やがて城の南端の曲輪が見えてきた。敵の侵攻を食い止めるための大手口で、案内板には虎口郭と記されている。百メートル近い細長い曲輪を進むと、虎口を複雑に組み合わせ、正面と側面から弓矢や鉄砲で攻撃できるようにした一画があった。

ここが戦国の山城で最強と呼ばれる防御施設で、坂道をさらに進むとほぼ正方形に近い主郭（本丸）がある。まわりに土塁と空堀をめぐらした厳重な造りで、北東の一角に天守台のようなものがある。おそらくここに見張り櫓が建っていたのだろう。

この日は不思議なほどの好天だった。六月初めの梅雨の入りの時期だというのに、湿気も蒸し暑さもほとんどなく、空は秋空のように澄みきって涼しい風が吹いていた。登山で汗だくになるだろうと覚悟していたが、汗ひとつかかない快適さだった。

「賤ヶ岳の戦いといえば、余呉湖の南の賤ヶ岳で行なわれたもんだとばっかり思《おも》てましたが、この凄《すさ》まじい山城はいったい何すかね」

Mさんが土塁に上がったり空堀の底に下りたりして、しきりに首をかしげている。風雪にさらされた今でさえこの威容なのだから、四百四十年前の合戦当時は土塁も堀ももっと規模が大きく造りは精巧だったはずである。

「勝家はこの城を本陣とし、四キロほど南の行市山、別所山、中谷山、林谷山《はやしたにやま》に先陣の諸将を配して、秀吉に陣城での戦いを挑むつもりだったんだよ。秀吉も勝家の来襲に備えて、別所山の三キロほど南の神明山、堂木山、そして東野山に陣城網を築いていたからね。小牧長久手《ながくて》の戦いの時に、秀吉と家康が陣城群を築いてにらみ合ったのと状況は同じだよ」

「それなのにどうして、戦のハイライトを賤ヶ岳に持っていかれたんでっしゃろ」

「佐久間盛政らが、まんまと秀吉の罠《わな》にはまったからだよ。その話の前に、合戦に至るまでの両軍の動きを整理しておこう」

勝家と秀吉の争いは、天正十年（一五八二）六月二日の本能寺の変から始まった。六月十三日の山崎の戦いで明智光秀を討ち取った秀吉は、六月二十七日の清洲《きよす》会議で織田信忠の子三法師を後継者としたために、信長の三男信孝を推す勝家と激しく対立するようになった。

秀吉は先手を打って十二月二日に近江の長浜城を攻め、数日の間に柴田勝豊（勝家の甥《おい》で養子）を降伏させ、十二月二十日に岐阜城の織田信孝を降伏させた。翌天正十一年（一五八三）正月には、伊勢の滝川一益が勝家方として挙兵し、秀吉方になっていた諸城を攻略した。

一方の秀吉は二月に大軍をひきいて伊勢に攻め入り、滝川方に奪われた諸城を回復した上で一益の居城である長島城に攻めかかった。勝家はこれを救援するために、北近江に出陣して秀吉を牽制《けんせい》することにした。

賤ヶ岳の決戦が起こる四月二十日までの両者の動きを、箇条書きにすれば次の通りである。

三月五日、佐久間盛政を大将とする北陸勢の先陣八千が行市山から林谷山にかけての陣城に布陣した。行市山の佐久間の本隊は五千、別所山の前田利長と橡谷山《とちたにやま》の金森長近、林谷山の不破勝光はそれぞれ一千ほどである。

三月七日、柴田勝家がひきいる一万七千が北庄城を出発して玄蕃尾城へ向かい、三月十一日には北陸道の柳ヶ瀬に到着した。

この動きを察知した秀吉は、同日に四万五千の軍勢をひきいて佐和山城に入り、余呉湖周辺の陣城に軍勢を入れて迎え討つ態勢を取った。惣構えの東の東野山には堀秀政、西の堂木山には柴田勝豊、合戦当日に激戦地となった岩崎山《いわさきやま》には高山右近、同じく大岩山《おおいわやま》には中川清秀などである。

三月十二日、勝家らは本隊をひきいて柳ヶ瀬から内中尾山《うちなかおやま》の山頂にある玄蕃尾城に上がり、最終的な配置を定めて今後の作戦を申し合わせた。本隊のうち前田利家が二千五百の軍勢をひきいて別所山に移り、利長の一千と合流して先陣部隊を指揮することにした。

取るべき戦術は陣城に立て籠っての持久戦である。北陸勢は二万五千、秀吉が近江、伊勢、美濃に配した軍勢は八万近い。正面から戦っては勝ち目がないので、美濃の織田信孝、伊勢の滝川一益と協力して秀吉勢を三方から攻撃し、押さば退《ひ》き退かば押せという作戦をくり返して敵を疲れさせ、戦力の分断をはかろうとしたのである。

「なるほどね。標高四百五十九メートルもある山に、こんな厳重な山城を築いてどうするんやろと思てましたけど、初めから籠城戦をするつもりやったんならよく分りますわ」

Mさんはスマホをあやつり、山の高さばかりか敦賀港までの距離も確認している。距離はおよそ二十キロ。全軍二万五千が二ヶ月も三ヶ月も籠城するには、港から兵糧と弾薬を補給することが死活的に重要になるのである。

「勝家が玄蕃尾城を本陣にしたのは、敦賀からの補給路を確保できたからだろうが、秀吉もそんなことは百も承知していてね。勝家をおびき出して決戦に持ち込もうと、あの手この手の策略を駆使するんだ」

「それってロバート・ミッチャムの『眼下の敵』のようですね、カッコいい」

Mさんが映画関係者らしい反応をした。『眼下の敵』はドイツのUボートとアメリカ海軍の駆逐艦の息詰まる心理戦を描いた名作だが、ここではスルーさせていただくことにしよう。

「そうした駆け引きや合戦当日の様子を知るには、賤ヶ岳に登ったほうがいいよ。ひとまずここを下りることにしよう」

我々は二十分近くかけて山道を下り、ドライバー氏のタクシーに乗って賤ヶ岳に向かうことにした。すでに正午は過ぎている。どこかで昼食を取りたいものだという話になり、手打ちそば屋に行くことにした。

「お店に入ったらポンと手を打って、はい、手打ちそば、なんて言うんじゃないだろうね」

つまらない冗談を言い合って向かった先は、「手挽きそば庵さくら井」という立派な店だった。ご主人は彦根市の割烹《かっぽう》で修業を積んだ方で、古民家を改装した店で奥さんとそば屋をするのが長年の夢だったという。しかもお客さんにくつろいでもらうために、高野槙《こうやまき》でわかした檜の風呂に入ってもらうというこだわりぶりである。

そばは絶品だった。とろろつけそばが千三百円、お替わりのそばが六百円。見れば遠くから車で来ているお客さんが多い。開店して間もないと言うが、ご夫妻の夢は順調なスタートを切ったようである。

次に賤ヶ岳リフトに乗って山頂に向かった。スキー場でおなじみのタイプのリフトに乗って六分ほど登ると、山頂近くの駅に着く。ここから急な坂道をさらに五百メートルほど登ると、標高四百二十一メートルの賤ヶ岳の山頂に着く。

背後には琵琶湖、前方には余呉湖と周囲の山々が見渡せる絶景スポットだが、この日は特に美しかった。湖の青と森の緑が織りなす景色は、天上から楽園を望むようである。空から射す光の具合が絶妙で、自然の色合いの美しさと雄大さを引き立てていた。

「うわーっ、京都の近くにこんないいとこがあったんですね。今度嫁はんを連れて来よう」

Mさんがそんな風に感動してくれるだけで、取材に同行してもらった甲斐《かい》があったというものである。

山頂には戦いに疲れはてた無名武将のブロンズ像などが設置してあり、賤ヶ岳の戦いの古戦場として知られているが、正確に言えばこの山で行なわれたのは秀吉勢と勝家勢の戦いの一局面でしかない。

「おいしいそばも食べたし、これから少し歴史の探究をすることにしよう。これが国土地理院の地図に、玄蕃尾城から賤ヶ岳までの陣城の位置を書き込んだものだ」

私は山頂に置かれた方位盤の上に地図を広げた。

「通説では四月二十日の未明に行市山に布陣していた佐久間盛政の五千が、六キロ以上もの道を駆けて権現坂から余呉湖の湖畔の道に下り、湖畔をぐるりと回って大岩山の中川清秀や岩崎山の高山右近らに攻めかかった。中川清秀は防戦しようとして討死し、高山右近は身方の陣所に逃げ込んだと言われている」

ただしこの作戦だけでは、賤ヶ岳に布陣している桑山重晴《くわやましげはる》に背後を衝かれると考えた佐久間盛政は、弟の柴田勝政（勝家の養子）に二千近い兵を預け、権現坂から尾根の道をたどって賤ヶ岳を攻めるように命じていた。この作戦も見事に成功し、桑山勢はほとんど抵抗することなく琵琶湖ぞいの飯浦《はんのうら》まで敗走した。

これで東野山から堂木山、神明山にかけて築いた秀吉勢の背後に入り込むことができたのだから、この機を逃さず北陸勢がいっせいに攻めかかったなら勝利を得ることができたはずだ。

通説ではそんな夢物語が平然と語られ、盛政や勝政を戦場の華ともてはやす一方、最後まで全軍突撃の命令を下さなかった柴田勝家の優柔不断を責める。また盛政らの後詰めをするはずだった前田利家が、秀吉に内通して勝手に陣払いしたために全軍総崩れになったのだと説く。

「しかしそれは後に秀吉が自軍の宣伝用に作った物語で、事実はまったくちがっていたはずだ。私はこのあたりの地形を調べているうちに、そうとしか考えられないようになったんだ」

「犯人は別にいる、というやつでんな」

Mさんが軽く合いの手を入れてくれた。

「まず手がかりのひとつは、東野山と堂木山の間の惣構えだ。これは長さ六百メートル、幅五・四メートルの道の北と南に土塁をめぐらしたものだ。しかも北側には水堀もあったようだから、城壁の防御力を持っていたと考えるべきだ。東野山、堂木山、神明山の縄張り図を見れば分るけど、陣城レベルの簡単な造りではなく本格的な城郭の構えを持っている。そこで問題《クエスチヨン》だ。こんな強固な包囲網の中に飛び込んだところで、内側から敵を突破することができるだろうか」

「君ならできるんとちゃう」

Mさんがすっかり気心の知れたA君に話を振った。

「いえいえいえ、ボクはただの平和主義者ですから」

さすがA君、絶妙の返答と言うべし。

「次の手がかりは、別所山にいた前田勢三千五百が、合戦当日最前線の茂山《しげやま》に移動していることだ。陣城図を見れば茂山は神明山や堂木山と同じ尾根に位置しているから、前田利家がこの尾根の敵に備えるために最前線の指揮を任されていたことがうかがえる。ところが佐久間盛政らは、行市山から集福寺坂《しゆうふくじざか》を迂回して前田勢を追い越し、権現坂を下って余呉湖の湖畔に出たんだよ。これは完全に軍令違反であり、戦場で厳禁されている抜け駆けに当たる」

だからこそ盛政も勝政も、身方には知らせずに未明に迂回路をたどって出陣した。そのために勝家や利家らは、二十日の昼になって盛政や勝政の旗が岩崎山や賤ヶ岳にひるがえるのを見るまで抜け駆けに気付かなかったのである。

「勝家も利家も盛政に使者を送り、即座に退却して陣城まで戻るように矢の催促をした。ところが盛政は自分の戦果に固執したのか、配下の軍勢が疲れはてて動けなかったのか、この命令に従おうとしなかった。かえって勝家や利家に南北から呼応して惣構えを攻めるように申し入れたようだが、こんな無謀な作戦に応じることはできない。なぜなら北陸勢は二万五千、秀吉勢は四万五千と倍近い人数であり、銃弾を潤沢に装備して惣構えや陣城に立て籠っているからだ」

　この劣勢を立て直すには、盛政らを退却させてもう一度陣城群を構築するしかなかったが、盛政は二十日の夕方までぐずぐずしていた揚句、松明《たいまつ》をかかげた秀吉勢三万が美濃から取って返すのを見て初めて退却にかかった。

　ところが狭い道の夜間行軍に手間取り、秀吉勢の猛追を受けて壊滅的な打撃を受けることになった。勝家も利家もなす術もなく、北国街道を北に向かって落ち延びるしかなくなったのである。

「そんな話、初めて聞きましたわ。これまでの大河ドラマでも、たいがい前田利家が敵前逃亡したために、柴田勢が総崩れになったように描かれてましたもんね」

「そのことについては、ほとんど唯一といえる貴重な文書が『加賀藩史料』に残されているよ。前田利家の重臣だった村井長頼《ながより》の子長明《ながあき》が記した『亜相公御夜話《あしょうこうおんやわ》』という覚え書きだけどね」

亜相公とは利家のことで、大意は次の通りである。

「利家さまはご息女の豪姫さまが幼い頃に、太閤（秀吉）さまの養女にしておられます。それほどお二人の仲は親密でしたし、利家さまは能登一国の主《あるじ》でしたので、賤ヶ岳の合戦の前に利家さまが柴田どのの方針に異をとなえられたりすると、甥の佐久間玄蕃助盛政はことのほか利家さまに不審を持ち、疑っていたようでございます。

しかし利家さまは士道にそむくようなことはなされないお方ですから、謀叛《むほん》の心などまったく持っておられませんでした。それに関して申し上げれば、合戦の前の日に玄蕃が中川瀬兵衛（清秀）の城を攻めた時、利家さまのお指図のごとくすれば、柴田どのの勝利は間違いなかったはずですが、玄蕃は利家さまを疑って指図に従おうとしませんでしたので、あのように負けてしまったのでした」

「利家さまの指図通りにすれば勝てたということですが、具体的にはどんな作戦だったのでしょうか」

A君がたずねた。

「それは合戦直前の布陣図から想像するしかないけど、四月十八日か十九日に玄蕃尾城の本陣で作戦会議が行なわれ、秀吉が美濃に出陣している間に行動を起こすことが決められたのだと思う。それに従って前田利家が三千五百をひきいて別所山から茂山に移っている。ここからだと尾根伝いに神明山、堂木山を攻め、惣構えの一角を崩すことができる。おそらく利家が先陣となってここを攻め、行市山の盛政が五千の兵で後詰めをつとめる作戦だったはずだ。また利家が攻撃を開始すると同時に、勝家の本隊も惣構えや東野山に攻めかかる手筈《てはず》だったのだろう」

ところがこれだと先陣の大将だった盛政は後方に下げられ、利家が大将として指揮をとることになる。勝家がそうすべきだと考えたのは、三十歳の血気盛んな盛政より、百戦錬磨の利家に任せた方が安心だからである。

盛政はこれを不服として抜け駆けをしたのだから、敗因は勝家の統率力のなさにあったと言うことができるかもしれない。

「さっき話に出た『眼下の敵』ではないけど、三月十二日に勝家らが玄蕃尾城に立て籠ってから四月二十日の決戦まで、さまざまな情報戦や謀略戦が行なわれていた。盛政が利家への疑心暗鬼に駆られて暴走したのも、秀吉の情報戦にあやつられた結果だったのかもしれない。ともかく秀吉の計略や人たらしぶりには、天才的な凄《すご》みがあるからね」

その一端がうかがえる格好の史料がある。余呉町教育委員会が編《あ》んだ『賤ヶ岳合戦城郭群調査報告書』に紹介されている、秀吉から弟秀長に宛てた作戦を指示する書状である。

これを読めば秀吉が陣城にこもった勝家勢をおびき出すためにどんな手を打ったかよく分るので、以下三条を意訳して紹介させていただきたい。

「第三条、惣構えの堀より外に鉄砲を撃つことは申すに及ばず、草刈り風情の者まで一人も外に出してはならない」

これは堂木山と東野山の間に築いた巨大な惣構えより外には、絶対に出てはならないと命じたものだ。

こうした籠城戦の場合、もっとも警戒すべきは外に出た身方が敗走して城内に逃げ込んで来ることである。そうなれば城門を閉められないので、追撃してくる敵に乱入されることになる。

それゆえ惣構えの外には草刈り（馬の飼葉と思われる）にも出てはならないのである。

「第四条、敵は今度追い詰められ、面目を失って国許に人数を留めておくこともできなくなり、他所《よそ》への外聞をはばかって出陣してきた敵なので、こちらが一人も兵を出さなければ、いよいよ打つ手がなくなるはずである」

秀吉は勝家の立場を残酷なほど正確に見抜いている。追い詰められて出陣してきたとは、伊勢の滝川一益を攻められて後詰めに出ざるを得なくなったことを指している。

だからこちらがじっと動かなければ打つ手がなくなるというのだが、これは単に持久戦に持ち込むためではなく、次の一手を打つための布石だった。

その作戦の内容を、秀吉は第五条に次のように記している。

「第五条、敵を五日か十日ほどの間陣取らせ、こちらは敵など恐れる風もなく悠々と出陣することにする。わしが播磨に軍勢をひきいて入国し、その地においてお前（秀長）からの連絡を待ち、姫路を出発するべき日数と考えてほしい。特に安土に秀吉が滞在している間に出陣することはあってはならない。全軍を出陣できるようにしておくこと。播磨から急ぎ駆け戻る前に人数がそろってしまうだろうから、これ以上の満足はない」

秀吉は勝家勢をおびき出して一撃のもとに粉砕しようとしている。その方法は西国の敵に備えるふりをして播磨まで出陣し、柴田勢が動くのを待って木之本に引き返すというものだ。それまで留守部隊は絶対に出陣してはならない。全軍をそろえて出撃態勢をととのえ、秀吉の到着を待てと命じている。

この書状を書いた四月三日の段階では、秀吉は柴田勢をおびき出すために播磨まで行こうと考えていた。ところが織田信孝が岐阜城で挙兵したので、播磨ではなく美濃に向かうことにした。

佐久間盛政らはこれを好機と見て大岩山や岩崎山に奇襲をかけたのだが、完全に秀吉の罠にはまったことになる。急報を受けた秀吉は手筈通り強行軍で木之本まで引き返し、退却に手間取っている盛政勢に背後から襲いかかったのだった。

すやん」

「あきまへんね。完全に姿をキャッチされ、動きを読まれ、魚雷を撃ち込まれた感じで

Mさんが『眼下の敵』に寄せた感想を口にした。

「しかしそれだけ秀吉が完璧に勝ったんやったら、どうして前田利家が敵前逃亡したと

いう話が生まれたんでっしゃろ」

「いつ頃からそんな伝承が定着したのか、詳しいことは分っていないんだよ。たとえば

合戦の七ヶ月後に大村由己《ゆうこ》が書いた『柴田合戦記』には、利家逃亡の話は記されていな

い。しかし合戦後に越前府中まで敗走していた利家は秀吉に降伏し、北庄城の柴田勝家

攻めの先陣を務め、やがて佐久間盛政の所領だった金沢城と加賀二郡を加増された。普

通ではありえない厚遇がいろいろな臆測を呼び、利家は初めから秀吉に内通していたと

いう噂につながったのではないだろうか」

これまでにも見てきたように、柴田勢の敗因は佐久間盛政らが秀吉の罠にはまり、抜

け駆けして大岩山や岩崎山を奇襲したことにある。茂山まで出ていた利家は、この裏切

りにあってなす術もなく退却せざるを得なくなったのであって、断じて敵前逃亡したの

ではない。

しかし秀吉がいち早く府中城に駆け付けて利家と和を結んだのも、加賀二郡二十四万

石近くを加増されたのも事実なのだから、事情を知らない庶民が「実は二人には密約が

あったのだ」という分りやすい理由に飛びついたのは無理もないことなのだろう。

「しかしそれとは別に、私はもうひとつの理由があるのではないかと考えている。それは秀吉が若い頃からの親友である利家の力量と人柄を見込み、天下統一のためにはどうしても利家を右腕にする必要があると考えていたことだ。そのためには利家を処罰することなく重用しなければならない。そこで加賀二郡を加増して北陸の経営を任せることにしたわけだが、柴田方についた奴をえこひいきのように厚遇しては、身方や配下の武将の批判や反発を招くことになる。そこで一計を案じたんだよ」

「どや、初めから話ができていたことにせえへんか、ちゅう訳ですか」

「そうだよ。そうなれば利家は秀吉にとって大きな功労者になるし、合戦の推移を見ればそんな風に解釈できないこともない。だからそれでいこうと秀吉にくどかれ、利家が折れたのではないだろうか」

「武士の義を捨てて、家の安泰と所領の加増をはかったということですか。それはそれで苦しい決断だったでしょうね」

　A君がしんみりとつぶやいた。人間長い間生きていれば、嫌なことや不本意なことも笑って呑み込まなければならない時がある。四十歳を間近にして、そうした問題にも直面しているようだった。

「今日は誘っていただいて良かったですわ。こんなに美しい景色が見られたし、ほんまもんの手打ちそばも食べられた。それに当代一の先生に歴史のレクチャーを受けることができたんやから、花丸の一日でーす」

Mさんが琵琶湖に向かって両手を突き上げて背伸びをした。

「もし機会があるなら、玄蕃尾城から賤ヶ岳までの柴田勢と秀吉勢の戦いを描いた映画を作ってもらいたいね。タイトルは『勝家と秀吉の五十日』はどうだろうか」

余呉湖から玄蕃尾城までつづく山並みをながめながら、私はそんな想像をしていた。いつの日かMさんが敏腕プロデューサーになり、A君が名物編集者となってバックアップしたなら、この世にそんな映画のひとつくらい誕生するような気がした。

ともあれ元気で闊達《かったつ》でいられることが何よりである。我らは山頂の無名武将の像に別れを告げ、ただの平和主義者でいられることに感謝しながら、下りのリフトに乗り込んだのだった。

あとがき

戦国の山城を歩くことで中世と近世の分水嶺を見極めようとしたが、その作業はいつの間にか織田信長の事績をたどるようなものになっていた。

畿内周辺の主要な山城の攻防には、必ず信長が関わっているからである。その現場に立てば、信長の偉大さや恐ろしさを改めて感じずにはいられなかった。

実は歴史小説に取り組み始めた頃から、信長の評価のされ方には腑に落ちない所が多いと感じていた。

たとえば桶狭間《おけはざま》の戦いについては、長い間奇襲説が信じられてきた。長蛇の列をなして行軍する今川軍の弱点をつき、義元の本陣を側面から襲ったというのである。

戦前の日本軍が奇襲作戦を好んだのはこの故事にならったからだと言われているほどだが、『信長公記』を素直に読めば奇襲説が成り立つ余地はまったくない。

信長は真っ正面から今川軍に戦いを挑み、卓越した戦略と戦術で堂々と打ち破ったのである。

また信長の父信秀は、天文十年（一五四一）に伊勢神宮に七百貫文、同十二年には内裏の築地修理料として四千貫文もの寄進をしているにもかかわらず、これまでは尾張下四郡の領主の一人としてしか評価されてこなかった。

なぜこんなことが起こったのか？

その疑問が信長と対峙した山城を歩いている間も頭にこびりついていたが、旅をつづけるうちにおぼろげながら原因が分ってきた。

信長は津島港を拠点とする海民型の大名で、海外貿易や水運と深く関わっていたが、江戸時代の史学者は故意にこの事実から目をそらしたのである。

当時火薬の原料となる硝石は海外からの輸入に頼っていたので、輸入ルートを確保することは戦国大名にとって死活に関わる問題だった。

また経済基盤を支えていたのは商業による利潤だったのだから、海運や水運などの流通ルートを確保、整備することはきわめて重要だった。

ところが江戸時代には鎖国政策を国是としたために、海外との交易の実態を記すことがタブーとされた。また士農工商という身分制度を正当化するために、商人や流通業者の力を不当に低く評価しつづけた。

そのために武将の人格論ばかりを中心とした史論が主流を占めるようになったのだが、その欠点は明治維新後も払拭されることなく踏襲されてきたのである。

本書の第一章から第十二章までは、二十年前に集英社新書として刊行したものである。

今回文庫本として復刊していただくに当たり追章を加筆した。

玄蕃尾城や賤ヶ岳を対象にしたのは、従来語られている前田利家敵前逃亡説が虚説であると、何度かの取材によって確信したからである。

そのことを明らかにして前田利家の汚名を晴らしたかったたし、歴史の定説が時の権力者の都合で作られることを広く伝えたいという思いもあった。

もとより浅学非才の身ではあるが、自分の足で山城を歩くことによって当時の実情にかなり近づくことができたという手応えを感じている。

今後も研鑽《けんさん》を重ね、戦国時代の実像に迫る作品を描きたいと、決意を新たにしている次第である。

二〇二四年九月

京都常盤の仕事場にて
安部龍太郎

◎関連年表

一五一〇年（永正七）	安宅冬一、洲本城を築く。
一五一一年（永正八）	このころ、波多野氏、丹波八上城を本拠地とする。
一五三一年（享禄四）	六角定頼、十二代将軍足利義晴を観音寺城に庇護。
一五三四年（天文三）	織田信長、織田信秀の二男として誕生（五月）。
一五三七年（天文六）	木下藤吉郎（豊臣秀吉）、誕生（二月）。
一五四一年（天文十）	織田信秀、伊勢神宮に七百貫文を寄進。
一五四二年（天文十一）	徳川家康、誕生（十二月）。
一五四三年（天文十二）	織田信秀、禁裏修理費用に四千貫文を寄進（二月）。
	ポルトガル人、種子島に漂着、鉄砲を伝える（八月）。
一五四四年（天文十三）	紀州雑賀に鉄砲伝わる。
	谷宗牧、六角氏の観音寺城に一ヶ月ほど滞在。
一五四九年（天文十八）	信長、斎藤道三の娘帰蝶と結婚（二月）。
	イエズス会宣教師フランシスコ・ザビエル来日、キリスト教を伝える（七月）。

		三好長慶、将軍足利義輝・細川晴元を京都から追放。
		六角義賢、足利義晴・義輝父子を庇護。
一五五一年	（天文二十）	信秀、病没。信長、跡を継ぐ（三月）。
一五五八年	（永禄元）	このころまでに、秀吉、信長に仕える。
		足利義輝、六角義賢の後押しで京都復帰。
一五五九年	（永禄二）	信長、上洛し、将軍足利義輝に謁す（二月）。
		松永久秀、信貴山城に入る（八月）。
一五六〇年	（永禄三）	毛利元就、正親町天皇の即位の礼の費用として二千貫文を寄進。
		信長、桶狭間の戦いで今川義元を破る（五月）。
		松永久秀、大和平定に着手（七月）。
		松永久秀、三好長慶から大和の支配を任される（十一月）。
		松永久秀、多聞城を築く。
一五六三年	（永禄六）	信長、小牧山城を築く。
一五六四年	（永禄七）	三好長慶、没（七月）。
一五六五年	（永禄八）	将軍足利義輝、三好三人衆・松永久秀に殺される（五月）。
		喜多川五郎左衛門、足利義輝の長子を連れて脱出。

	松永久秀の弟長頼、戦死（八月）。
	松永久秀と三好三人衆との対立が激化（十一月）。
一五六六年（永禄九）	秀吉、墨俣城を一夜にして築く（九月）。
一五六七年（永禄十）	稲葉山城、陥落。信長、井口を岐阜と改め（以後、岐阜城）、小牧山城より居城を移す（八月）。
	織田・浅井の同盟成立。信長の妹お市、浅井長政と結婚。
	松永久秀、東大寺の三好三人衆を奇襲。大仏殿、焼失（十月）。
	信長、「天下布武」の印を用い始める（十一月）。
一五六八年（永禄十一）	三好三人衆、信貴山城を攻略（六月）。
	信長、足利義昭を越前より美濃立政寺に迎える（七月）。
	信長、足利義昭を奉じて岐阜を出立し、近江観音寺城を攻略。入洛後、三好三人衆を畿内から追放（九月）。
	松永久秀、信長より大和の支配を任される（九月）。
	足利義昭、征夷大将軍となる（十月）。
一五六九年（永禄十二）	信長、堺を支配下に収める。
一五七〇年（元亀元）	信長、徳川家康の前で松永久秀を愚弄する。

	信長、越前の朝倉義景を攻撃。浅井長政・六角承禎ら反信長で挙兵（四月）。 信長、徳川家康とともに姉川の戦いで浅井・朝倉両軍を破る（六月）。 石山本願寺、反信長で挙兵。浅井長政・朝倉義景、これに呼応し、近江に進出（九月）。 伊勢長島の一向一揆、尾張小木江城を攻め、信長の弟信興を自殺させる（十一月）。 信長、正親町天皇の勅命によって、朝倉・浅井と和睦（十二月）。 武田信玄、秋山信友に東美濃の**岩村城**を攻めさせる（十二月）。
一五七一年（元亀二）	松永久秀、武田信玄と結び、信長包囲網に加わる（五月）。 信長、近江に出陣し、**小谷城**の浅井長政を攻める（八月）。 信長、**比叡山延暦寺**を焼討ち、僧俗三、四千人を殺す（九月）。
一五七二年（元亀三）	武田信玄、遠江に侵入し、三方ヶ原で織田・徳川両軍を

破る（十二月）。

一五七三年（天正元）

将軍足利義昭、朝倉・浅井・武田・本願寺と謀り、信長包囲網を構築する（二月）。

武田信玄、秋山信友に再び東美濃の岩村城を攻めさせる（二月）。

信長、将軍足利義昭を二条城に囲む。正親町天皇の勅命によって、信長と義昭、和睦（四月）。

武田信玄、没（四月）。

信長、近江佐和山城下で、大型船を建造させる（五月）。

信長、将軍足利義昭を京都から追放、室町幕府滅亡（七月）。

信長、越前に侵入し、一乗谷城を囲む。朝倉義景、自殺（八月）。

信長、近江小谷城を攻略。浅井久政・長政父子自殺。お市、娘三人を連れ脱出（八月）。

一五七四年（天正二）

松永久秀、多聞城を明け渡し、信長に降伏（十二月）。

信長、伊勢長島の一向一揆を滅ぼす（九月）。

一五七五年（天正三）

信長、徳川家康とともに長篠で武田勝頼を撃破、鉄砲隊の威力発揮（五月）。

明智光秀、丹波経略に着手（六月）。

信長、越前の一向一揆を滅ぼす（八月）。

岩村城、陥落（十一月）。信長、叔母の景任夫人を逆さ磔に処す。

一五七六年（天正四）

信長、土佐の長宗我部元親と同盟を結ぶ。

信長、**安土城**を築城開始（一月）。

信長、**安土城**に移る（二月）。

毛利水軍、摂津木津川に織田水軍を破り、本願寺に兵糧を補給（七月）。

一五七七年（天正五）

信長、紀州の一向一揆討伐のため**根来寺**・**弥勒寺山城**などを攻める（二月）。

松永久秀、信長に背き、大和**信貴山城**に籠る（八月）。

織田信忠、大和**信貴山城**を攻略。松永久秀、自爆死（十月）。

秀吉、中国経略を開始（十月）。

一五七八年（天正六）	明智光秀、丹波の諸城を攻める（十月）。 波多野秀治・別所長治、反信長で挙兵（三月）。 秀吉、三木城攻略に着手（三月）。 明智光秀、荒木城を攻略（四月）。 九鬼嘉隆、信長の命により雑賀衆の水軍を破る（七月）。 毛利軍、播磨上月城を落とす。尼子勝久、自殺（七月）。
一五七九年（天正七）	明智光秀、丹波八上城攻略に着手（九月）。 荒木村重、義昭・本願寺に通じて、信長に謀反（十月）。 秀吉、丹生山明要寺を攻略（五月）。 秀吉の軍師竹中半兵衛、病没（六月）。 丹波八上城の波多野秀治・秀尚、投降（六月）。 黒井城、陥落（八月）。 明智光秀、丹波・丹後の平定を信長に報告（十月）。 伊丹城、陥落（十一月）。
一五八〇年（天正八）	秀吉、三木城を攻略（一月）。 正親町天皇の勅命によって、信長、本願寺と和睦（閏三月）。

	教如、雑賀に逃れ、本願寺全城、焼亡（八月）。
一五八一年（天正九）	信長、竹生島に参詣。留守中桑実寺に参詣した侍女ならびに寺僧を処刑（四月）。 秀吉、鳥取城を攻略（十月）。 秀吉、淡路国を平定（十一月）。
一五八二年（天正十）	織田信忠、信濃高遠城を攻略（三月）。 信長、**岩村城**に投宿。織田信忠、武田勝頼を討ち、武田家滅亡（三月）。 秀吉、備中高松城を包囲、水攻めにする（五月）。 信長、明智光秀に中国出陣を命ずる（五月）。 明智光秀、本能寺を急襲。信長、自刃（六月）。 秀吉、山崎の戦いで光秀を討つ。**安土城**、炎上（六月）。 秀吉、仙石秀久に**洲本城**を与える。
一五八三年（天正十一）	秀吉、大坂城を築城開始（八月）。
一五八五年（天正十三）	秀吉軍、**根来寺**を焼討ち（三月）。 秀吉、粉河寺を焼討ちにして高野山に迫る。高野山降伏（四月）。

一五八六年（天正十四）	秀吉、関白となる（七月）。
	長宗我部元親、降伏し、秀吉、四国平定（八月）。
	秀吉、脇坂安治に洲本城を与える（十月）。
	徳川家康、秀吉に服従（十月）。
	秀吉、太政大臣となり豊臣姓を賜る（十二月）。
一五八七年（天正十五）	秀吉、九州平定（五月）。
	秀吉、バテレン追放令を発す（六月）。
	聚楽第、完成（九月）。
一五八八年（天正十六）	秀吉、刀狩令を発す（七月）。
一五九〇年（天正十八）	秀吉、小田原征伐（七月）。
	秀吉、奥羽を制圧し、天下統一（八月）。
一五九一年（天正十九）	秀吉、太閤となる（十二月）。
一五九二年（文禄元）	秀吉、諸将を朝鮮に出兵（文禄の役）。
一五九七年（慶長二）	秀吉、再び諸将を朝鮮に出兵（慶長の役）。
一五九八年（慶長三）	秀吉、没（八月）。
一六〇〇年（慶長五）	徳川軍、岐阜城の煙硝蔵を爆破。
	関ヶ原の戦い。東軍の勝利（九月）。

一六〇三年（慶長八）	徳川家康、征夷大将軍となる（二月）。
一六〇九年（慶長十四）	徳川幕府が篠山城建築。その後八上城の城下町を移転させる。
一六一四年（慶長十九）	大坂冬の陣。
一六一五年（元和元）	大坂夏の陣。豊臣氏滅亡。 蜂須賀至鎮、大坂の陣の功で淡路島の大半を与えられ、由良成山城に城代をおく。
一六三一年（寛永八）	蜂須賀家、洲本に拠点を移し、洲本城を大改修。城下町の整備。

本書掲載の地図および城郭図は主に以下のものを参考にしました。

『史跡　小谷城跡』（湖北町教育委員会）
『探訪ブックス　日本の城』（小学館）
『日本城郭大系』（新人物往来社）
『定本　和歌山県の城』（郷土出版社）

地図・城郭図デザイン／今井秀之
地図、地名は取材当時のものです。

本書は、二〇〇四年四月、集英社より刊行されました。
文庫化にあたり、書き下ろしの「追章　玄蕃尾城から賤ヶ岳へ〈玄蕃尾城〉」を加えあとがきを修正しました。

初出
集英社新書ホームページ連載
「戦国の山城を歩く」二〇〇二年九月〜二〇〇三年八月

集英社文庫

戦国《せんごく》の山城《やまじろ》をゆく　信長《のぶなが》や秀吉《ひでよし》に滅《ほろ》ぼされた世界《せかい》

2024年10月25日　第1刷　　定価はカバーに表示してあります。

著　者　安部龍太郎《あべりゅうたろう》

発行者　樋口尚也

発行所　株式会社　集英社
東京都千代田区一ツ橋2-5-10　〒101-8050
電話　【編集部】03-3230-6095
【読者係】03-3230-6080
【販売部】03-3230-6393（書店専用）

印　刷　TOPPAN株式会社

製　本　加藤製本株式会社

フォーマットデザイン　アリヤマデザインストア　　マークデザイン　居山浩二

ISBN978-4-08-744704-0 C0195